Daniela Müller
Susanne Trettenbrein
ALLES DIRNDL

VERLAG ANTON PUSTET

Impressum

Bibliografische Information der Deutschen Nationalbibliothek
Die Deutsche Nationalbibliothek verzeichnet diese Publikation
in der Deutschen Nationalbibliografie; detaillierte bibliografische
Daten sind im Internet über http://dnb.d-nb.de abrufbar.

©2013 Verlag Anton Pustet
5020 Salzburg, Bergstraße 12
Sämtliche Rechte vorbehalten.

Idee: Barbara Brunner, Nadine Ratzenberger
Konzept: Susanne Trettenbrein
Grafik, Satz und Produktion: Tanja Kühnel
Lektorat: Anja Zachhuber
Druck: Druckerei Theiss, St. Stefan im Lavanttal
Gedruckt in Österreich

ISBN 978-3-7025-0693-3

www.pustet.at

Inhaltsverzeichnis

6	Vorwort
8	Vergangenheit trifft Gegenwart
28	Dirndl trifft die Regionen
52	Tracht trifft Persönlichkeit
78	Dirndl trifft Hochzeit
88	Dirndl trifft Film
96	Tracht trifft Accessoires
110	Dirndl trifft Stoff
122	Dirndl trifft Schneiderei
134	Dirndl trifft Erotik und Politik
142	Dirndl trifft die Welt
154	Dirndl trifft Begrifflichkeiten
158	Quellen, Bildnachweis

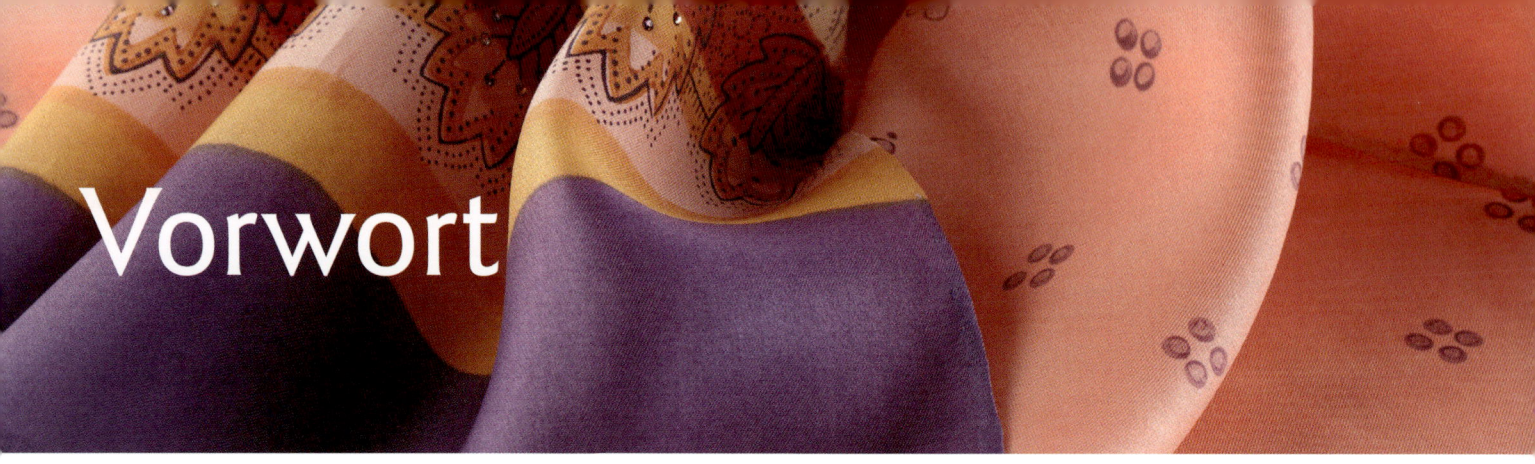

Vorwort

„Tradition ist nicht die Anbetung der Asche, sondern die Weitergabe des Feuers."

Gustav Mahler (1860–1911)

Susanne Trettenbrein (geb. Drachsler)

Meine ersten Berührungen mit der Tracht? Die waren ganz spät: Streng genommen war es keine Tracht – nein, ganz eindeutig war es keine Tracht. Ein Dirndl und ich, das konnte sich mein Modeherz nicht vorstellen – ja, bis quasi mein ganz eigener steirischer Prinz, mein Trachtenbekehrer „Erzherzog Johann", Bernd kam. Der Knackpunkt war der gemeinsame Besuch einer Hochzeit, als Gäste: er in Lederhose und ich? Kurzerhand musste ein Dirndl her, nichts ahnend von Tradition und Geschichte, aber doch mit großer Freude wanderte ein rotes Baumwolldirndl mit rot-weiß-kariertem Herz über den Ladentisch in meinen Besitz. Vor dem großen Tag durchlief es noch kleine Änderungen in der Schneiderei, zu lange schien der Rock der ungeübten Dirndl-Seele. Heute, viele Jahre später, fristet das erste Dirndl ein trauriges Dasein im hintersten Eck der Dirndlkleider-Familie neben seinen würdigeren Trachten-Schwestern. Einmal, ein einziges Mal erblickte es seitdem das Tageslicht – am Münchner Oktoberfest, genau dahin gehörte es nämlich. Doch aller Kessheit und zugegebenerweise unpassendem Hochzeitsauftritt zum Trotz, das Dirndl mit dem Karo-Herz am rechten Fleck hat seine Schuldigkeit getan: Es hat gezeigt, wenn erlaubt ist, was gefällt, dann kann so manches Modedirndl ein wunderbarer Einstieg in die Welt der Tracht sein …

Daniela Müller

Im idyllischen Burghausen an der Salzach steht der Inbegriff für klassische Trachtenmode aus eigener Produktion: die Firma Barbarino. In der dortigen Schneiderei war meine Mutter beschäftigt. Auch damit, mich mit meinem ersten „Maßgeschneiderten" zu versorgen. Rot, mit gerafftem Oberteil und blauer Schürze. Ein wirklich nicht optimales Modell für ein Mädchen, das sich gerade mit dem nicht recht beglückenden Gefühl der wachsenden Oberweite auseinandersetzen muss. Während sich die ebenfalls pubertierenden Mitschülerinnen in coole, hautenge Röhrenjeans zwängten, schlich ich also mit meinem Dirndl durch die Schulgänge. Nein, das war einfach zu viel. Auch meine Mutter sah ein, dass sie mir mit einer derartigen „Zwangsbetrachtung" keinen Gefallen tat. Und die folgende Zeit des Erwachsenwerdens mit Neigung zum Feminismus verbot diese Kleidung geradezu.

20 Jahre später traf auch ich meinen steirischen Trachtenbekehrer. Meine mittlerweile zu einiger Üppigkeit ausgewachsene Figur würde ein tiefes Dekolleté vertragen, meinte dieser. Mit Widerstreben ließ ich mich in einem Trachtenmodegeschäft in eine Umkleidekabine schieben („Dann soll er halt mal sehen, dass ich für so was überhaupt nicht der Typ bin!"), schlüpfte in ein tief ausgeschnittenes Kleid mit Schürze und Bluse – und es gefiel mir! Auch wenn's nur ein Modell von der Stange war. Aber das ist bekanntlich meist der Anfang.

Vergangenheit trifft Gegenwart

Ein Boom, der ungebrochen bleibt: Der Dirndl-Hype passiert im Sieben-Jahres-Rhythmus, das wollen zumindest Experten beobachten. Doch ein Regelwerk ist da, um gebrochen zu werden – von wegen verflixtes siebtes Jahr: Der aktuelle Hype für Dirndl und Co dauert schon besonders lange – und findet auch kuriose Auswüchse. So kleidet sich der modebewusste Vierbeiner von heute im Hundedirndl „Mizzi" – mit praktischem Klettverschluss am Bauch und kesser Schnürung. Für Dirndl-Freundinnen, die sich auch nachts nicht von ihrem Kleidungsstück trennen können, gibt es ein Dirndl-Nachthemd und für all jene, die sich in extravaganten sexuellen Sphären bewegen, brachte die Bekleidungsindustrie ein Latex-Dirndl mit so manch tiefen Einblicken auf den Markt.

Dem einstigen Tiefpunkt, einer wahren Trachtenflaute, folgt derzeit der absolute Höhepunkt. Und diesen erlebt Österreich gerade – durch und durch und in vielen Facetten. „Das hat auch seinen Grund", sagt Thekla Weissengruber, Volkskundlerin der Oberösterreichischen Landesmuseen: „Die aktuelle Dirndlmode resultiert aus einem Sättigungsgefühl der erneuerten Trachten und aus dem Bedürfnis nach Individualität und Kreativität. Die heutigen Dirndlmacherinnen lassen sich von Kostümhistorikern und Volkskundlern keine Vorschriften mehr machen, sie wollen selbst kreieren und tun das in einem sehr lockeren Umgang mit Traditionsgütern."

Es ist frech und kann auch bieder sein. Es ist modern und verrät gleichzeitig Vergangenes. Es lässt einiges erahnen, ohne wirklich etwas zu zeigen. So aufregend präsentiert sich kein anderes Kleidungsstück. Das mag wohl auch der Grund sein, warum das Dirndl nicht an Beliebtheit verliert – im Gegenteil: Es erntet trotz und vielleicht sogar wegen seiner Traditionalität bei allen Generationen so viel Applaus wie nie zuvor. Und immer schon war das sogenannte echte Dirndl modischen Veränderungen ausgesetzt. Längst wäre das Dirndl von der Bildfläche verschwunden, wäre es ohne Erneuerung geblieben. Da werden schon einmal die Regeln sämtlicher Trachtenmappen auf den Kopf gestellt. So ist auch die Bandbreite an Meinungen und Interpretationen, was echt, was Mode und was Tracht ist, besonders groß und wenig überschaubar.

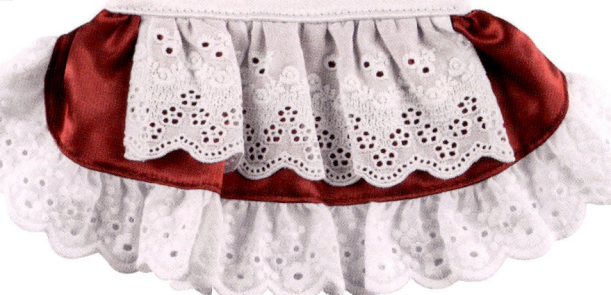

Hundeleben. Sogar der Vierbeiner trägt heutzutage Dirndl. Das Hundedirndl gibt es in zahlreichen Variationen und Farben.

Das Dirndl ist natürlich mehr als nur die Tradition aus vergangenen Tagen. Es ist vielmehr der Ausdruck von Lebensfreude, Heimatverbundenheit und Lebensgefühl. Ein Dirndl macht einzigartig, lässt sich immer wieder neu erfinden und passt dabei zu jedem Anlass und zu jeder Figur. Und: Es ist Mode. Die Zeiten von strenger Sittenordnung, hochgeknöpften Blusen und biederen Farben sind vorbei. Nun darf getragen werden, was gefällt – ob zuckerlrosa oder himmelblau, ob mit traditionellen Drucken oder mit militärischem Camouflage-Muster, kombiniert mit klassischen Trachtenschuhen oder hippen Stiefeln und begleitet von Omas Trachtenschmuck oder schrillen Mode-Ohrringen. Das Dirndl ist nicht mehr nur jenen Trägerinnen vorbehalten, die Bewusstsein und Bekenntnis zur Tradition oder einer bestimmten Region haben.

Trotz allem: Lassen wir auch das Ursprüngliche nicht außer Acht. Hinter jedem Polyesterdirndl zum günstigen Set-Preis mit Bluse und Schürze steckt – wenn auch mit fehlendem oder weniger augenscheinlichem Traditionsbezug als bei der teuren Festtagstracht aus Seide – die Historie des einstigen Gewandes der „einfachen" Leute. Damals war das Dirndl Arbeitsgewand und zeigte so rein gar nichts vom heutigen Glamour der Mode für jedermann bzw. -frau. Das Dirndl aus grobem Stoff und finsteren Farben diente zur Abgrenzung der Landleute von der modernen, begüterten

Vergangenheit trifft Gegenwart

Frau aus der Stadt. Dass es sich einmal zum Gegenteiligen entwickeln würde – nämlich zum Ausdruck von Zusammengehörigkeit von Jung und Alt, von traditionell und modern sowie reich und arm – daran dachte damals niemand. Doch genau das macht es aus, das Gewand, das so voller Geschichte, Heimatstolz und Tradition ist und den Weg in die Gegenwart und Jugend gefunden hat. Nicht zuletzt deshalb, weil es sich eben modern interpretieren lässt.

Vom „Arme-Leute-Gwand" zum modischen Dauerbrenner

Blicken wir zurück: Das Dirndl ist in seiner ursprünglichen Form das, was getragen wird, nämlich „Tracht". Der Begriff leitet sich vom althochdeutschen „traht[a]" bzw. vom mittelniederdeutschen „dracht" ab. Das bekannteste Utensil der Hunderte Jahre alten Urtrachten ist der Wetterfleck, ein Umhang, den man durch einen Schlitz über den Kopf zieht. Er ist heute noch modisches Accessoire für die trachtige Männer- und Damenwelt. Die Umhänge werden im rechteckigen oder runden Schnitt und zumeist aus Loden angefertigt. Früher diente der Wetterfleck seinen Trägern als Arbeitskleidung und – wie der Name unschwer erahnen lässt – als Schutz vor der Witterung.

Tracht war und ist auch noch die Kleiderordnung eines bestimmten Landes, einer Region, einer Berufs- oder Volksgruppe, mittels derer die jeweilige Zugehörigkeit zu erkennen war. Erste Vorboten des heutigen Gewandes im Sinne des Ausdrucks von Zusammengehörigkeit lassen sich bereits im 2. und 3. Jahrhundert finden. So trug man damals als Merkmal regionaler Zugehörigkeit schiffchenartige Pelzhüte und gewülstete Kopftücher, kombiniert – je nach Herkunft – mit Arm-, Kopf- und Halsschmuck.

Auch das heutige Dirndl stammt aus Überlieferungen historischer Kleider. Es dient in traditioneller Form noch immer als Merkmal einer Gruppe oder einer Region, wird aber auch (etwa als Ausdruck der Sympathie

Aufgestiegen. Das Dirndl war früher ausschließlich ein „Arme-Leute-Gwand". Heute erfrischt es den Kleidungsstil durch sämtliche Gesellschaften und Altersgruppen.

und Hochachtung) von Menschen außerhalb dieser Gemeinschaft oder einfach als Modeerscheinung getragen. So lässt sich nach einem Besuch in Österreich so manches Dirndl im heimatlichen Schrank von begeisterten Touristen finden. Den Variationen gemeinsam ist die einheitliche Schnittform aus Leib, Rock und Schürze. Doch wo hat das Dirndl, wie wir es heute alle kennen, nun seine Wurzeln? Als direkte Vorfahren lassen sich neben mittelalterlichen Gewandungen (wie ein an Achselbändern befestigter Rock oder Wickelröcke, die mit einem Knoten um den Unterleib gelegt wurden), ärmellose Rumpfkleider sowie der sogenannte Leibkittl oder der Leibchenrock (diesem begegnen wir bereits im Jahr 1520 auf Bildern) festmachen. Weil es früher ausschließlich die Kleidung einfacher Leute war und es vor allem von Mägden und Bäuerinnen zur Stall- und Feldarbeit getragen wurde, fertigte man es aus dunklem Stoff und grobem Material an. Die Mägde benutzten die großen Schürzen als Handtuch oder Schweißtuch. Weil das Gewand ausschließlich funktionell sein sollte, verzichteten die Frauen auf jeglichen Schmuck und jede Verzierung an den Kleidern.

Doch nicht nur zum Arbeiten, sondern auch zur bereits erwähnten Abgrenzung zwischen bäuerlichen und nichtbäuerlichen Menschen sollte die Gewandung früher dienen. Die Städter griffen zwar auf ähnliche Schnitte zurück, wählten aber leuchtende Farben und aufwendigen Schmuck für ihre Mode. Zur Hebung der Sittenstrenge wurden in damaligen Zeiten Erlässe herausgegeben, die allzu freizügige Formen des Trachtenkleides verhindern sollten. Heutzutage kaum vorstellbar: Die einstigen Menschen würden angesichts heutiger Hotpants und Mini-Röcke die Hände über dem Kopf zusammenschlagen, galt früher ein wadenlanger Rock bereits als anzüglich. So wollte die Verordnung etwa eine Mindestlänge bis unter die Waden vorschreiben.

Mit der Französischen Revolution kam es schließlich auch in puncto Kleidung zur gesellschaftlichen Wende. Danach sollte diese nicht mehr den Stand symbolisieren, sondern Individualität und Persönlichkeit zeigen. Eigene Kleidervorschriften für Land- und Stadtmenschen waren nicht mehr gern gesehen, eine einheitliche Mode für alle Bevölkerungsschichten wurde möglich. So entdeckte auch die Oberschicht im Lauf des 18. Jahrhunderts das Trachtenkleid vom Land – und verfeinerte es. Aus dem einfachen Baumwollkleid in tristen Farben wurde eine städtische Robe aus Seidenstoffen, die mit Brokat und Spitze veredelt wurde. Die Frauen trugen das Kleid zu besonderen Anlässen genauso wie im Alltag und kombinierten es mit Trachtenschmuck wie Armbändern und Ketten. Um den Bauch, Hals oder die Brust band man geflochtene Kordeln oder Seidenbänder, die mit Tierzähnen, antiken Münzen und Silberedelweiß behängt, wohl erste Vorboten für das heutige Charivari darstellten.

Das Dirndl in seiner heutigen Form findet sich zu allererst im Salzkammergut, dort blickt es auf eine 170-jährige Tradition zurück. Die Region gilt als Ursprung des österreichischen Dirndls. Die Geschichte lässt sich sehr gut anhand vorhandener Kostümstücke und Touristenfotos nachzeichnen. Erste fotografische Aufnahmen von Dirndlträgerinnen im Salzkammergut gibt es schon aus den letzten Jahrzehnten des 19. Jahrhunderts. Im Oberösterreichischen Landesmuseum sind in der Kostümsammlung drei Leibkittl, die auch als Dirndl durchgehen würden, zu sehen. Die Tracht verdanken wir nicht zuletzt Erzherzog Johann, der die steirische Postmeistertochter Anna Plochl heiratete. Das Paar machte die Tracht vollends salonfähig. Um sich volksverbunden zu zeigen, kleidete sich der Erzherzog stets in der landesüblichen steirischen Tracht, in Lederhose und Lodenrock, und wirkte so als Vorbild für die Bevölkerung. Er legte seinem Großneffen Franz Josef die Liebe zur Tracht bereits in die Wiege, indem er ihm zur Taufe einen Steirerhut schenkte. Der spätere Kaiser liebte die Tracht Zeit seines Lebens.

So ist es wenig verwunderlich, dass sich die heutigen Trachtenschneider die Namen „Erzherzog Johann", „Anna Plochl" und „Habsburg" als Namensgeber für ihre Kollektionen aussuchten.

Nachdem die Tracht von Königshäusern entdeckt und getragen wurde, fanden sich in Bayern Interessierte in Vereinen zur Erhaltung der Gebirgstrachten zusammen. Österreich folgte dem Beispiel. Als erster österreichischer Trachtenverein ist die Alpine Gesellschaft „D'Almbrüder z' Graz" zu nennen.

Trotz aller Bemühungen verschwanden die Volkstrachten aber zu Beginn des 20. Jahrhunderts beinahe wieder von der Bildfläche. Der Staat wusste dem entgegenzuwirken: Das Unterrichtsministerium veranlasste 1909, an Schulen Trachtennähkurse einzurichten (auch heute drücken Schüler einzelner Klassen in der Disziplin noch die Schulbank). Der Bund richtete damals einen Ausschuss zur Erhaltung und Schaffung der Volkstracht ein. Die ersten Trachtenblätter, in denen Vorschläge zur zeitgemäßen Tracht angeführt wurden, entstanden im Jahr 1913. Die erste offizielle Landestracht gab es aber bereits 1911 in Kärnten, erst 1935 folgten jene in Salzburg und Oberösterreich.

Die Geschichte des Dirndls hängt eng mit der Beliebtheit der kostengünstigen Baumwollstoffe zusammen, dieser Umstand bescherte dem Dirndl auch den Beinamen „Arme-Leute-Kleid". Mit der Verbreitung des Handels und der Vervielfältigung von Schnitten und Kostümheften gewann das Kleidungsstück Mitte des 20. Jahrhunderts in allen Gesellschaftsschichten wieder an Prominenz. Mit den Salzburger Festspielen und den Gästen, die zum kulturellen Anlass in Trachten stiegen, hat es eine große Aufwertung erfahren. Das „Kleid vom Land" wurde salonfähig, es war schick zu tragen, bei Einheimischen wie bei Touristen.

Einem Hoch folgt nicht selten auch ein Tiefschlag: So wurde das Dirndl politisch von den Nationalsozialisten für deren Zwecke missbraucht, es wurde ideologisiert, um die nationalsozialistische Gesinnung zu bekräftigen: Juden und anderen Volksgruppen, die vom NS-Regime ver-

Reizvoll. Der Miederleib zeigt, was zu zeigen ist, und verdeckt, was verdeckt gehört.

folgt wurden, war es sogar verboten, Tracht zu tragen – ein Umstand, der auch heute noch kritische Worte zum Dirndl auslöst. Nach dem Zweiten Weltkrieg, in dem die Begriffe „Volk", „Gemeinschaft" und „Sitte" eine nationalsozialistische Färbung bekommen hatten, reagierten die Menschen mit breiter Ablehnung der (Volks-)Trachten. Erst 1950 konnte sich die Dirndlmode wieder etablieren. Diese Entwicklung und der Missbrauch der Volkstrachten überschatten trotzdem auch heute noch die Trachtenszene. Kritiker sehen Dirndl und Trachtenanzug im rechten Eck und mahnen zur reflektierten Sichtweise der Entstehungsgeschichte.

Trotz allem darf man Tracht keinesfalls nur auf seine nationalsozialistische Instrumentalisierung reduzieren. Denn: Heimat und Heimatgefühl im positiven Sinn, die Liebe zu Österreich, das wunderbare Handwerk dahinter sowie die Lebensfreude verschiedener Generationen, auch das vermitteln Dirndl und Co.

So setzten der Staat, Forschungseinrichtungen und Vereine ihre Bemühungen mit der Installierung von Heimatwerken in den Bundesländern, Vorträgen, Forschungsreihen und der Errichtung eigener Trachtenklassen in der Schule fort, die Tracht zu erhalten – was bis heute gelungen ist. Traditionelle und moderne Dirndlkleider und Lederhosen sind im Alltag präsent, sie werden getragen und gelebt.

Bräuche noch von damals

Hochzeitsschürze – zwei Fliegen mit einer Klappe

Dass aus der weißen Schürze des Hochzeitsdirndls das Taufgewand für den ersten Nachwuchs entstehen soll, ist zwar nicht überliefert, aber ein oft erzählter Brauch. So sollen die Brautleute zwei Fliegen mit einer Klappe geschlagen haben: Der weiße Stoff der Schürze, für den man nach der Hochzeit wenig Verwendung fand, konnte ohne großen finanziellen Aufwand erneut Botschafter einer freudigen Nachricht sein.

Glücksbringer. Aus der weißen Hochzeitsschürze soll das Taufgewand für den Nachwuchs entstehen und damit zum zweiten Mal Botschafter einer freudigen Nachricht werden.

Schürzenbänder – Partneranzeige der anderen Art
Single, vergeben oder verwitwet? Flirtwillige haben's im Dirndl einfach. Denn geht es nach der Tradition, soll die Masche einer Dirndlschürze die Lebenssituation der Trägerin ausdrücken. So binden jungfräuliche Trägerinnen die Schleife vorne in der Mitte, Witwen tragen die Schürzenbänder in der Mitte ihrer Rückseite zur Masche geknotet, während verheiratete Frauen die rechte Vorderseite wählen. All jene, die noch zu haben sind, ziert die Schleife vorne links. Männer, die sich trotz „bekannter Signale" die Finger nicht verbrennen möchten, gehen lieber auf Nummer sicher und werfen trotz allem einen Blick auf den Ringfinger der Trägerin. Der Brauch findet nämlich Einschränkungen, so trifft dieser nur für bestimmte Alpenregionen wie Salzburg und Tirol, teilweise auch Oberösterreich zu – auch wenn die Angewohnheit immer mehr auf andere Bundesländer abfärbt.

Links, rechts, Mitte? Das Binden des Schürzenbandes will wohl überlegt sein, verrät es doch einiges über den Beziehungsstatus der Trägerin.

Die Sitte soll übrigens auf eine damalige Gepflogenheit zurückzuführen sein, laut derer der Ehemann immer links von seiner Frau seinen Platz fand. Die schön gebundenen Schürzenbänder hätten dabei nur gestört oder wären durcheinandergebracht worden. Keine Rücksicht auf das andere Geschlecht mussten unterdessen all jene Dirndlträgerinnen nehmen, die ohne Begleitung durchs Leben schritten.

Mit der Goldhaube immer gut behütet
Der Ursprung der Goldhauben liegt in der oberösterreichischen Landeshauptstadt. Die Tradition bleibt diesem Bundesland auch heute großteils vorbehalten. Einzelne Gruppen können aber auch in anderen Regionen gefunden werden.

Goldhauben waren im 17. Jahrhundert ein unverzichtbarer Bestandteil einer vollständigen Bekleidung. Bis heute hat sich neben der Goldhaube auch eine zweite Form der weiblichen Behütung durchgesetzt. Während die über und über bestickte Goldhaube stets von verheirateten, reichen Frauen zu einem Dirndl oder Festtagsgewand getragen wurde, blieb den bäuerlichen Frauen das kunstvoll gebundene, schwarze Flügeltuch vorbehalten. Das schwarze 1,60 mal 1,60 Meter große

Vergangenheit trifft Gegenwart

Kopftuch kann auf 40 verschiedene Arten gebunden werden. Auch hier dienten die einzelnen Techniken zur Abgrenzung: Jede Gegend hat ihre eigene Bindekunst.

Heute hat sich die strenge gesellschaftliche Unterscheidung der Kopfbedeckungen aufgelöst, Frauen mit Goldhauben – egal aus welcher Schicht und mit welchem Familienstand – gehören zu festlichen Anlässen in einzelnen Regionen einfach dazu. Zahlreiche Goldhauben-Gruppen pflegen das mühsame und kostspielige Handwerk des Goldhaubenstickens noch selbst. Auf die Hauben werden goldene Fäden aus Seide genäht und goldene Pailletten aufgestickt. Die Arbeit ist auf-

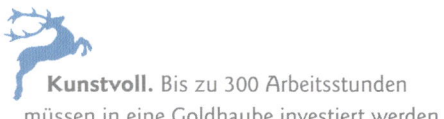

Kunstvoll. Bis zu 300 Arbeitsstunden müssen in eine Goldhaube investiert werden.

Vergangenheit trifft Gegenwart

wendig: Das Fertigen einer Goldhaube benötigt bis zu 300 Arbeitsstunden und lässt damit den hohen Wert der kunstvollen Kopfbedeckung erahnen.

Ein Sonntag ganz für die Dirndln
Ein Jüngling unter den Bräuchen ist der Dirndlgwandl-Sonntag, der aufgrund seines Alters nicht perfekt auf seinen Platz in diesem Abschnitt passt. Doch weil das alljährliche Spektakel rasch viele Regionen erobert hat, findet es hier Erwähnung. Die Veranstaltung fand ihren Anfang in Salzburg. 2003 wurde das Fest im kleinen Kreis in St. Johann im Pongau auf Initiative der Salzburger Landestrachtenreferentin Andrea Maurer geboren und findet seitdem Gefallen in immer mehr Gemeinden in und um das Bundesland. Zu Ehren der heiligen Notburga, der Patronin der Bauern, Armen und Trachten schlüpfen Dirndlträgerinnen rund um den Namenstag am 13. September immer am Sonntag vor Schulbeginn zum kleinen Volksfest in den Gemeinden in ihre Festtagstracht.

Dirndl-Basics: Leib, Kittl und Schürze

Das Dirndl kann von seinen Trägerinnen in vielen Längen, Formen und Farben neu interpretiert, gelebt und getragen werden. Eines bleibt aber unanfechtbar, nämlich die Bestandteile jedes Dirndlkleides: der Leib, der Rock und die Schürze.

Der Leib, das Oberteil, bietet den meisten Spielraum für die Trägerin: Wer die Wahl hat, hat hier auch die Qual. Traditionellerweise ist der Leib mit Knöpfen oder Hafteln zu schließen. Reißverschlüsse sind moderneren Formen zuzuordnen. Der Ausschnitt kann je nach Schnittform und Region rund, oval oder eckig (wie im salzburgerisch-bayerischen Raum) ausfallen. Die Hals- und Armausschnitte werden meist mit Passepoilschnur abgeschlossen, der Halsausschnitt manchmal mit Froschgoscherl (Glossar ab S. 154) oder anderen Borten verziert. Außerdem ist das Oberteil mit einem farblich zum Oberstoff passenden Baumwollstoff gefüttert.

Neben dem Grundschnitt mit gerundetem Halsausschnitt, Brustabnähern am Vorderteil sowie Teilungsnähten auf dem Rücken und einem Verschluss mit Knöpfen oder Hafteln auf der Vorderseite, gibt es zahlreiche weitere Formen. Wer mehr verdecken möchte, der wählt den Grundschnitt mit gezogenem Brustteil oder den Brustfleckleib. Bei beiden Varianten wird im Bereich der Brust ein gezogener Stoff eingearbeitet. Der Miederleib hingegen zeigt, was sein Vorgänger verdeckt: nämlich viel Dekolleté. Die Teilungsnähte verlaufen am gesamten Vorderteil von der Taille bis zur Schulter. Zusätzlich können am eng anliegenden Leib Brustkeile mit Ziernähten eingearbeitet werden. Weiters existieren Leibformen mit unterlegtem oder aufgesetztem Latz (ausschließlich bei Sonntags- und Festtagstrachten), mit Schößchen oder (seltener) hochgeschlossene und Empireoberteile.

Weniger variationsreich im Schnitt, dafür unersättlich an Mustern und Farben folgt dem Oberteil der Rock. Handgefertigte Röcke und Schürzen werden zumeist handgezogen (gestiftelt), können aber auch in Falten gelegt werden – manche sagen, eine Variante, die weniger aufträgt und der Figur besser schmeichelt. Ob dies wirklich so ist, darüber scheiden sich die Schneider-Geister. Letztlich entscheidet die Trägerin selbst.

Damit der Rock bei der Bewegung schön schwingt, sollte die Kittlweite aber mindestens 250 Zentimeter betragen, bei festlichen Dirndln mehr. Die Rocklänge variiert je nach Figur: „Sehr kurze, weite Kittl lassen gedrungen erscheinen, lange weite Kittl strecken durch ihren langausschwingenden Faltenreichtum", heißt die Empfehlung aus der Trachtenmappe. Der Stoff des Rocks soll dabei zum Oberteil passen. So empfiehlt sich zu Woll- oder Zellwollbrokatleibchen ein kräftiges, aber nicht plump fallendes Gewebe, zum Seidenmieder wiederum dünne, schön fließende Röcke, die sehr weit ausfallen dürfen. Der Saum wird übrigens per Hand genäht. Und: Eine Erfindung aus telefonfreien Zeiten macht es heutigen Handyträgerinnen einfach – traditionell wird in eine Falte des Dirndlrocks nämlich ein sogenannter Kittlsack zur Aufbewahrung unabdinglicher Begleiter eingenäht, der durch die Schürze verdeckt wird.

Wer Dirndl ganz richtig trägt, wählt die Schürze fünf Zentimeter kürzer als den Rock. Früher diente die Schürze den arbeitenden Frauen zum Schutz des darunter liegenden Kleides. Heute ist es schmuckes Beiwerk zum Dirndl. Besonders festliche Schürzen zeigen sich heute sogar mit Ziernähten oder Froschgoscherln.

Übrigens: Auch beim Kauf der Schürze wird der Beziehungsstatus nicht außer Acht gelassen. Denn: Je nachdem, ob die Dirndlträgerin verheiratet oder ledig ist, also links oder rechts bindet, wird jenes Schürzenband, das den längeren Weg zur Masche hat um zwölf Zentimeter länger als das andere ausfallen, damit die Bänder nach dem Binden gleich lang nach unten hängen.

Dirndln für jeden Anlass

Das traditionelle Dirndl zeigt sich in drei Nuancen: eines für festliche Anlässe, das Festtagsdirndl; eines für den „Tag des Herrn", das Sonntagsdirndl; und eines für den Alltag, nämlich das Alltagsdirndl. Ersteres ist das Edelste der Dirndl-Familie: Es wird in der Regel knöchellang und aus reiner Seide angefertigt und mit kostbaren Materialien und Knöpfen, Samteinfassungen und Rüschen aufgewertet. Latzverschnürungen am Leib geben dem Kleid ein exklusives Aussehen, sie sind nur beim Festtagsdirndl zu finden. Das Sonntagsdirndl ist die kleinere, nicht viel minder elegante Schwester des Festtagsdirndls und wird – wie der Name erahnen lässt – ursprünglich an Sonntagen und für die Kirche getragen. Der Leib besteht aus Seide, der Rock aus Wolle. Auch hier fällt die Auszier üppig, wenn auch nicht ganz so exquisit wie bei der Festtracht aus.

Das Alltagsdirndl ist das Mädchen für alles – es wird schlichter, aus Baumwolle und Leinen, und kürzer, meist bis zur Wade, geschneidert. Als einfaches Alltagsdirndl muss es leicht waschbar sein. Als Zeichen der Heimatverbundenheit und zur Image-

Dreiergespann. Leib, Rock und Schürze: Diese drei Bestandteile machen jedes Dirndl aus, egal ob modern interpretiert oder traditionell getragen.

förderung wird es auch aus Marketingzwecken im Berufsleben, etwa in Tourismusberufen und der Gastronomie getragen. Ein Tipp am Rande: Es muss nicht immer ein Seidenbrokat-Dirndl zum Fest sein, wird das Alltagsdirndl mit einer Seidenschürze kombiniert, kann es durchaus auch zu nobleren Anlässen getragen werden.

Dirndl-Varianten gibt es nicht nur dem Anlass entsprechend, sondern auch nach Wetter und Jahreszeit. So zeigt sich ein Winterdirndl beispielsweise aus einem warmen Lodenstoff mit gedämpften Farben und oft mit angenähten Ärmeln oder einer Joppe, das Sommerdirndl wird farbenfroh aus leichten, dünnen Stoffen gefertigt.

O'zapft is: Schauplatz Oktoberfest

Die Ausschnitte sind tief. Die Röcke kurz. Bier fließt in Massen. So manche Bekanntschaften werden geschlossen, die außerhalb der Jahrmarkt-Welt nicht zusammengefunden hätten. Mit Reizen soll man hier nicht geizen, lautet das Motto. Das ist das Münchner Oktoberfest. Man mag vom bunten Treiben auf der Theresienwiese halten, was man will, und auch wenn das Spektakel mit dem traditionellen Gewand nur mehr wenig zu tun hat, zum Dirndlboom trägt es maßgeblich bei. Die Tracht ist in aller Munde, reist dank TV-Übertragung durch die ganze Welt und gefällt. Die flippigen Dirndlkleider kommen vor allem bei der Jugend an – und lassen die Kleider lebendig werden. Das Wiesntracht-Phänomen ist ein wachsendes: War es vor Jahren noch eine steigende Dirndl-Minderheit auf dem Fest-Areal, so schlüpft heutzutage beinahe jede Wiesn-Besucherin ins flotte Kleid. Was dahinter steckt? Eine Zusammengehörigkeit in der Anonymität. Ein Ausdruck der Lebensfreude. Oktoberfest-Gäste outen sich, sie sind stolz darauf und zeigen es auch. Und – allen Kritikern der bunten Modeerscheinung zum Trotz –, so ist ein Jahrmarktgelände flankiert mit Fröhlichkeit, tiefen Dekolletés, feschen Dirndln und knackigen Lederhosen-Buam doch zumeist auch nett.

Auch wenn es der Rummelplatz mit seinen leuchtenden Fahrgeschäften nicht erahnen lässt, so blickt das größte Volksfest der Welt genauso

wie das Dirndl auf eine jahrhundertelange Tradition zurück. Das Dirndl als Festgewand von damals bleibt am Jahrmarkt erhalten, wenn auch etwas kürzer, knapper und mutiger in der Farbwahl.

Die Jahrmarkt-Geschichte begann mit einer Hochzeit. Als eine Mischung von Pferderennen und Olympischen Spielen fand das erste Oktoberfest in München anlässlich der Trauung von Kronprinz Ludwig und Prinzessin Therese im Jahr 1810 statt. Für das Brautpaar wurde ein Umzug einer Kinder-Trachtengruppe organisiert. Auch der Herrscher gab sich volksnah in Tracht gekleidet. Dem Volk und dem König selbst gefiel's. So nahmen am zweiten Trachtenumzug des Oktoberfestes auch Erwachsene teil. 15 Jahre später wurde der Umzug zur Institution. Mittlerweile ist das bunte Treiben in Dirndl und Lederhose obligater Bestandteil des nunmehr größten Volksfestes der Welt, das 2010 seinen 200. Geburtstag feierte.

Aber wie feiert sich's am Oktoberfest richtig? Antworten auf diese Frage sind auf der Website des Jahrmarktes schnell gefunden. Zumindest ein Maßkrug über dem Boden sollte der Saum des Dirndls sein, gerne auch kürzer, die „Kerle" wird es freuen, rät man dort. Und: Mit fortgeschrittener Stunde und Biergenuss steige die Tanzlust. Auf die Bierbänke geklettert, schunkele es sich einfach besser. Ein langes Dirndl? Das störe dabei nur. Zudem müsse es leicht zu waschen sein. Denn es gehe zünftig zu auf dem Oktoberfest. Wenn die Bedienung ihre zehn Maß auf den Tisch knalle, könne das Dirndl schon was abgekommen.

Zugegeben: Manche Traditionsbewusste werden bei den letzten Zeilen verständnislos die Köpfe schütteln. Natürlich, oft fehlt das Bewusstsein über Herkunft und Tradition. Aber genau diese Feste ohne Zwänge und Regelwerk und eben die leistbare Billigware von der Stange, die jugendlich kurzen Röcke und provokant tiefen Ausschnitte lassen die Trachten-„Kultur" weiterleben. Sie sind oft der Einstieg der Jugend in die Trachten-Welt. Und wer weiß, vielleicht steigt die Eine oder Andere vom Oktoberfest-Dirndl eines Tages auf Traditionsware mit Geschichte um?

Innere Werte. Der Leib mit gezogenem Brustteil versteckt mehr als er zeigt.

Vergangenheit trifft Gegenwart

Dirndl trifft die Regionen

Das allein gültige Bundesland-Dirndl gibt es zumeist nicht, genauso wenig wie nur das eine Original existiert, das mussten die Autorinnen dieses Buches schnell erkennen. Einzig Tirol und Niederösterreich haben neben ihren Regionstrachten auch ein für das gesamte Bundesland offiziell gültiges Dirndl kreiert. Was in Österreich aber wahrlich lebendig ist, sind zahlreiche Merkmale und Trachten für einzelne Regionen, die sich in verschiedenen, unermüdlichen Variationen wiederfinden. Die Tracht lebt eben von Entwicklungen und von den Menschen, die sie tragen. Alles andere würde das Dirndl in seinen Facetten enorm einschränken.

So sind beim „Oberösterreichischen Heimatwerk" rund 800 oberösterreichische Trachten registriert, wovon allein 120 neue im Jahr 2010 dazukamen. In Salzburg zählt das Heimatwerk – ohne Vereinstrachten und historische Trachtenkostüme – 80 regional unterschiedliche Dirndln in verschiedensten kreativen Ausformungen, in der Steiermark mehr als 270, davon 140 Alltagsdirndln. Trachtenerneuerung heißt das Schlagwort – und der Fundus in Omas Schatzkisten auf den Dachböden scheint unerschöpflich. So werden nach und nach aus alten Vorlagen neue, zeitgemäße Dirndln kreiert. Das Ziel, das Heimatbewusstsein zu stärken und die eigene Identität hervorzubringen, lässt mittlerweile nicht mehr nur die Regionen, sondern sogar kleine Ortschaften ihr eigenes Dirndl präsentieren.

Die Entwicklung drängt von Oberösterreich aus immer mehr in die anderen Bundesländer – und findet nicht nur Sympathisanten: „Allein die Verwendung eines Knopfes mit Ortswappen macht aus einer Regionaltracht noch keine Ortstracht", gibt der Obmann der Österreichischen Heimatwerke, Hans Köhl, zu bedenken. Es seien oft nur kleine Details, die die einzelnen Trachten unterscheiden und zur Tracht einer Gemeinde machen sollen. Ortstrachten entstehen meist, weil man damit ein Stück Geschichte tragbar machen will, manchmal aber auch aus dem eitlen Grund, weil das Nachbardorf auch mit seiner eigenen Tracht aufmarschiert. Trachtenforscher sehen genau das mit gemischten Gefühlen. In erster Linie, weil die Entstehung neuer Trachten aus den vorher genannten Beweggründen in der Regel meist wenig mit einem tiefen Blick in die Geschichte verbunden ist. Der ist aber notwendig, um nach historischen Tatbeständen, Argumenten und Elementen zu suchen, auf denen eine neue Tracht aufgebaut werden kann. Wenn die Wahl der Farbe Lindgrün für die Tracht nur darauf fußt, dass im Dorf eine Linde steht, greife das zu kurz, finden die Kritiker.

Auch sei die Bezeichnung „Tracht" für all diese neuen Dirndlkleider nicht ganz richtig. „Erst wenn ein Dirndl so beliebt und angenommen wird, dass es in 30 bis 40 Jahren noch getragen wird, kann man es als Tracht bezeichnen", findet etwa die Trachtenreferentin für den Landesverband Oberösterreich und Schneidermeisterin Martina Reitsamer. Gexi Tostmann etwa nennt es einen Irrtum, dass jede Tracht regional zuordenbar ist: Diese Regeln seien zum Teil künstlich erschaffen. Wie auch immer man dazu stehen mag: Die Trachtenerneuerung und die vielen unterschiedlichen Ortstrachten – seien sie nun regional gewachsen oder künstlich erschaffen – sind maßgeblich daran beteiligt, dass das Dirndl wieder präsenter ist. Und das ist – da sind sich alle einig – ein positiver Nebeneffekt. Und um es mit dem österreichischen Komponisten Gustav Mahler zu sagen: „Tradition ist nicht die Anbetung der Asche, sondern die Weitergabe des Feuers."

Aufgrund dieser rasanten Dirndl-Vermehrung kann die nachfolgende Sammlung aber niemals eine komplette sein – das würde den Umfang des vorliegenden Werkes sprengen und schon in Kürze nicht mehr den Anspruch der Vollständigkeit erheben können. Trotzdem kann das nachstehende Kapitel eine Ahnung vom Dirndl in den Bundesländern

Farben-Vielfalt. Das Lutzmannsburger Dirndl ist eine der ursprünglichsten Trachten aus dem Burgenland und zeigt sich im Gegensatz zum männlichen Pendant richtig farbenfroh.

geben und Beispiele als Vertreterinnen der Vielfalt herausgreifen. Neben dem neuen Dirndl-Reichtum finden sich in Österreich aber auch noch einige wenige „Trachten-Inseln", nämlich Regionen, in denen Trachten nicht erneuert, sondern in ihrer ursprünglichen Form getragen werden. Dazu zählen etwa die Bregenzerwälder, die Walser und die Montafoner Tracht in Vorarlberg, die Gailtaler Tracht in Kärnten und die Lutzmannsburger Festtracht im Burgenland.

Versteckte Liebe im Burgenland

Das Burgenland und die Tracht leben in einer schwierigen Beziehung: Während in anderen Bundesländern die Trachten zur Heimatpflege liebevoll gehegt wurden, behandeln die östlichsten Österreicher ihre Traditionen eher stiefmütterlich. Nach der Armut der Zwischen- und Nachkriegszeit schätzte die Bevölkerung das moderne Leben mehr als die Besinnung auf Brauchtum. So wurde das Burgenland zwar auch vom aktuellen Trachten-Hype nicht verschont, doch existieren nur vage Vorstellungen über die hiesige Trachtenkultur. Was man weiß: Die alten Formen des Brustflecks sind vor allem im Südburgenland bis heute erhalten geblieben, auch gibt es eine Vielzahl von verschiedenen Miederleibchen-Varianten. Die Vielfalt der burgenländischen Trachten muss einmal groß gewesen sein, nicht zuletzt aufgrund der ungarischen Einflüsse.

Eine prominente Vertreterin des burgenländischen Dirndls ist die Lutzmannsburger Tracht, sie gehört zu den ursprünglichen Kleidern des Burgenlands und stammt noch aus der Biedermeierzeit. Noch heute wird sie kaum verändert getragen. Während sich der Mann in schlichten schwarzen Schnürlsamt kleidet, sprüht die Frau im bunten Lutzmannsburger Dirndl vor Lebensfreude: Über die weiße, kurzärmelige Puffärmelbluse wird ein türkises, grünes, weißes, blaues, rosa- oder lilafarbenes, knapp sitzendes Schnürleibchen mit einem weißen und mit farblich zum Leib passenden mit Rosen gemustertem Rock gezogen. Auch die Schürze ist weiß, mit reicher Lockstickerei verziert und wird von einem farbigen Schürzenband, der „Luckamaschn", gehalten. Über die Schultern werfen die Dirndlträgerinnen ein gefranstes Brusttuch aus weißem,

mit Rosenmuster bedrucktem Stoff. Die Lutzmannsdorfer Tracht wurde von der verheirateten Frau und Mutter traditionell mit einem schwarzen Kopftuch getragen, all jene Frauen, die bereits Großmutter waren, wählten auch als Farbe für den Dirndlstoff Schwarz.

Zwiebelprinzip in Kärnten

Auch Kärnten blieb vom großen Trachtensterben nicht verschont. Mit dem Bau der Eisenbahn kamen um die Jahrhundertwende die Städter zur Sommerfrische aufs Land – und mit ihnen eine neue Mode, die – gegenteilig zum Salzkammergut, wo die Touristen das Tracht-Tragen verstärkten – die Tracht vorerst verdrängte. Nur Trachten, die an Brauchtum und Vereine gebunden waren, blieben erhalten. So schlüpften die Frauen in den einzelnen Regionen nur zu Hochzeiten weiterhin in die Rosentaler Festtracht, beim Kufenstechen (einem Kärntner Reiterbrauch) in die Untergailtaler Tracht und für die Kirche in die Lesachtaler Tracht.

Was bis heute geblieben ist, sind reich in Falten gelegte Röcke und geblümte, gestreifte oder karierte Leibkittl mit blauen Leinen- oder schwarzen Seidenschürzen, sie sind typisch für die alten Grundformen des Kärntner Dirndls. Im Lauf der Zeit kamen auch buntere Farben dazu. Heute sind im „Kärntner Heimatwerk" rund 80 Trachten offiziell registriert. Als das Kärntner Dirndl schlechthin – es wird im gesamten Bundesland getragen – gilt das Blau-Punkt-Dirndl, auch Reschdirndl genannt. Leib und Rock sind in mittlerem oder dunklem Blaudruckstoff mit weißen Punkten gearbeitet. Das Oberteil zeigt sich ohne Rückenteilung

Gepunktet. Das Blau-Punkt-Dirndl, ein Blaudruck mit Punkten, gilt als das Kärntner Dirndl.

Dirndl trifft die Regionen

Nicht nur auf der Wiese.
Die Nationalpark-Tracht ist mit ihren Blümchen am Leib ein typischer Vertreter der Kärntner Dirndln.

und mit Paspelung im Blaudruckstoff, die Schürze hingegen ist weißgrundig mit roten oder blauen Ranken. Zu festlichen Anlässen wird eine schwarze Seidenschürze gewählt.

Ein besonderes Stück Tracht ist den Kärntnern mit der schon erwähnten Untergailtaler Frauenfesttracht erhalten geblieben. Ein genauer Blick darauf lohnt sich, da sie sich stark von den neueren Kärntner Dirndln unterscheidet. Wie nach dem Zwiebelprinzip schmücken sich die Frauen mit einer Vielzahl an Teilen und Schichten. In einem ersten Schritt kommt über eine weiße, mit Spitzen besetzte Pumphose ein in Wellen gelegter, kurzer, enger Unterrock. Darüber ziehen die Untergailtaler Frauen bis zu sieben mit Spitze verzierte Unterröcke – damit der schwere, plissierte Rock des schwarzen Leibkittls schwungvoll abstehen kann. Damit ist die Komposition aber noch nicht vollständig: Über den Rock sind noch zwei Schürzen, eine kleine schwarze und eine größere gemusterte zu ziehen. Perfekt wird das Gewand schließlich durch einen federkielbestickten Ledergürtel mit Bänderschmuck, die gestärkte Leinenbluse mit bauschigen Ärmeln und durch das mit Fransen geschmückte Kopf- und Brusttuch aus Seide oder Wolle. Die Beine schmücken Schnürstiefel aus schwarzem Leder mit weißer Stickerei. Weiße Strümpfe sollen die zierlichen Waden der Frauen besonders hervorheben.

Es geht rund in Niederösterreich

Niederösterreich liebt es rund – nämlich was den Ausschnitt betrifft. Die typische niederösterreichische Alltagstracht ist ein Blaudruckdirndl mit rundem Ausschnitt und gestreifter Schürze.

Im Zuge der Trachtenerneuerung vor 20 Jahren wurde für das Bundesland Niederösterreich auch ein eigenes Festtagsdirndl entworfen: Passend zum karierten Westenstoff der Herrentracht präsentiert sich das Dirndloberteil in verschiedenen Farben und mit rundem Ausschnitt. Der Rock wird aus schwarzem Wollstoff gefertigt, die Schürze aus blauer Seide.

Doch auch Niederösterreich hat mehr: Sowohl das Wald-, das Mostals auch das Weinviertel und vor allem das Wiener Becken haben eigene Trachten und Dirndln. Die Waldviertler Festtracht setzt sich aus einem schwarzen Leib aus Seidenbrokat, dunkelrotem Rock aus Wollbrokat und grüner bzw. goldfarbener Schürze zusammen. Grün symbolisiert dabei den Wald der Region, Gold das Getreide. Ein sehr markantes Zeichen des Waldviertler Dirndls ist die Soutache, eine schmale gewebte Bordüre als Besatz auf den Nähten, die in mühevoller Handarbeit individuell auf jeden Leib gesetzt wird.

Ebenfalls mit einer Borte am Seidenbrokat- oder Wollstoff-Leibchen präsentiert sich die Festtracht aus dem Mostviertel: Das Dekolleté und die Rückenansicht zeigen sich mit einem breiten, in einer tiefen Spitze auslaufenden Ausschnitt. Um den Ausschnitt ist eine je nach Statur der Trägerin mehr oder weniger breite Samtblende gelegt, die mit einer gefransten und farblich zur Schürze passenden Borte abschließt. Das Leibchen ist vorne mit Hafteln zu schließen. Die zwei Bogennähte am Rücken kommen Ton in Ton mit dem Leibchenstoff oder kontrastfärbig aus dem Schürzenstoff passepoiliert daher.

Berühmt ist Niederösterreich aber wohl für die Wachau. Die bekannten Lieder, die süßlichen Heimatfilme, aber auch die vorzüglichen Weine und feschen Dirndln haben das Ihre dazu getan. Die niederösterreichische Weinregion pflegt seine bestehende Haubentracht, die aus

Angepasst. Niederösterreich hat seine eigene Landestracht kreiert, das karierte Oberteil und die blaue Seidenschürze sind typisch für die niederösterreichische Festtagstracht.

Dirndl trifft die Regionen

Runde Sache. Die Waldviertler Festtracht zeigt sich wie zahlreiche Dirndln in Niederösterreich mit rundem Ausschnitt.

den zahlreichen Heimatfilmen bekannt ist – ein Brokatkleid mit Seidenschürze, das traditionell mit einer Goldhaube ergänzt wird. Das Gewand stammt noch aus der Biedermeierzeit und ist damit eine der wenigen österreichischen Trachten, die seit ihrem Entstehen – wenn auch in unterschiedlichen Farben und Stoffmustern – getragen wird. Die dazugehörigen Goldhauben sind kostbare Handarbeiten aus Brokat und Goldspitze, die als Mädchen- oder als Frauenhaube getragen werden. Die Mädchenhaube ist eine sogenannte Bogenhaube, wird von einer breiten Goldspitze umrahmt und am Hinterkopf hängen helle Seidenmaschen mit kurzen Bändern. Die Frauenhaube unterscheidet sich durch den gewichtigeren Kopfteil, der Bogen zieht sich weit über den Scheitel hinaus. Die Seidenmaschen sind schwarz und die Bänder reichen bis zur Taille.

Alles neu in Oberösterreich

Oberösterreich ist das Bundesland der Trachtenerneuerung schlechthin: Rund 800 verschiedene Trachten sind beim „Oberösterreichischen Heimatwerk" offiziell registriert. Dabei ist Oberösterreich in seiner Trachtenlandschaft sehr unterschiedlich. So können Spezialitäten in Schnitt und Farbe nicht an dem Bundesland an sich festgemacht werden. Es gibt für das Innviertel (etwa den typischen Innviertler Ausschnitt, der zu den Armen hin besonders weit ausfällt) eine andere Schnittführung und Farbauswahl wie etwa für das Mühlviertel oder das Salzkammergut. Darüber hinaus haben zahlreiche Ortschaften ihr eigenes Dirndl kreiert: Aktuelle Beispiele sind etwa das Bad Haller Dirndl, dessen Rücken ein Brunnen ziert, das Ansfeldner Dirndl, das einen Notenschlüssel trägt und das neue Dirndl aus Asten, das Raffelstettner Zollmünzen als Knöpfe hat.

In der unerschöpflichen Kleidervielfalt ist aber auch ein Dirndl zu finden, das als Oberösterreichisches Dirndl, als Symbol der Gemeinsamkeit des Bundeslandes gilt. Der Altoberösterreichische Leibkittl wurde seit jeher als die Oberösterreicher-Tracht mit historischen Wurzeln propagiert. Und: Tatsächlich gibt es für diese Tracht zahlreiche geschicht-

liche Bildquellen und auch ein Originalmieder als Vorlage. Der Altoberösterreichische Leiblkittl als Dirndl mit rotem Woll-Leib, herzförmigem Ausschnitt, eingefasst mit schwarzem Samt, schwarzem Woll-Rock und geblumter Blaudruck-Schürze, wird gerne als Pendant zum Oberösterreichischen Landesanzug geführt.

Tracht lebt im Salzkammergut

Dem Salzkammergut als Wiege der Tracht und frühem Tourismusgebiet kommt in der österreichischen Trachtenlandschaft eine besondere Stellung zu. Einheimische und Gäste spielen in der Drei-Bundesländer-Region die Hauptrolle – es ist ein Wechselspiel: Die Bevölkerung würde keine Tracht tragen, hätten es ihnen die Urlauber nicht seit jeher gleich getan und Dirndl und Lederhose goutiert. Die Touristen selbst

Liebe abstatten. Der Liebstatt-Sonntag geht auf eine jahrhundertealte Tradition zurück. Damals beschenkten wohlhabende Menschen weniger wohlhabende. Heute sind es Lebkuchen-Herzen, die Freude bereiten.

Dirndl trifft die Regionen

kleideten sich gerne wie ihre Gastgeber, um sich anzupassen, als Zeichen der Sympathie und um sich zugehörig zu fühlen.
Dabei ist das Salzkammergut aber auch bekannt für seine eigenständigen Bräuche und Trachten, die nur dort so lebendig gelebt werden. Man spricht in diesem Zusammenhang sogar vom zehnten Bundesland Österreichs. Die Region hat sich mit Traditionsgütern ein Image aufgebaut, das sich über viele Generationen hält. Die Menschen aus dem Salzkammergut berufen sich auch heute immer wieder auf diese Lebensart. Nur so können Dirndl, Lederhose und Co dort so lebendig erhalten bleiben.
Alleine im Salzkammergut werden 80 verschiedene Trachten gezählt, zahlreiche Trachtenschneidereien und Brauchtumsvereine sind dort angesiedelt. So sind der traditionsreiche Glöcklerlauf im Salzkammergut, das Narzissenfest im Ausseerland und der Liebstatt-Sonntag in Gmunden weit über die Grenzen der Region bekannt. Letzterer findet an einem Sonntag mitten in der Fastenzeit statt, beginnt mit dem feierlichen Kirchgang in Gmundner Tracht und gipfelt im Verschenken von spruchgezierten Lebzelten. Der Brauch ist bereits 372 Jahre alt, damals beschenkten vermögende und einflussreiche Bürger der Stadt weniger begüterte Menschen, sie statteten den Armen ihre „Liebe ab".

Trachtiges Freundschaftsspiel in Salzburg

Ein allgemeingültiges Bundesland-Dirndl ist auch für Salzburg nicht definiert. Doch das bekannte Salzburger Blaudruckdirndl kommt in seinen Varianten einem typischen Salzburger Dirndl schon sehr nahe. Die Grundform der Salzburger Dirndlkleider ist prinzipiell ein eng anliegendes Miederleibchen, das allgemein ohne Zug gearbeitet ist, und ein weit schwingender Rock.
Die Dirndln in den Salzburger Gauen und der Mozartstadt unterscheiden sich natürlich trotzdem durch Form, Auszier und Farben. So hat jeder Gau seine eigene Fest- und Werktagstracht und zahlreiche weitere regionale, ortsgebundene Dirndln. Die Flachgauer Festtagstracht wird beispielsweise aus einem roten Leib mit Stickereien in hellem oder

Beispielhaft. Das Blaudruck-Dirndl kann als typisches Beispiel für das Bundesland Salzburg gesehen werden.

dunklem Lachs, Grün, ein bisschen Gelb und selten Blau gefertigt und trägt eine schwarze Auflage um den oberen Außenrand. Der Leib der Pongauer Sonntagstracht zeigt sich in Hellblau mit entweder altrosafarbenen oder weißen Stickereien.

Ein bekanntes und auffälliges Beispiel einer Ortstracht ist das Henndorfer Dirndl. Der hiesige Maler und Bräuwirt Carl Mayr entwarf es Anfang des 20. Jahrhunderts nach alten Vorbildern für die Salzburger Gemeinde. Es besteht zumeist aus einem blau-rot-karierten Waschstoff (ein waschbarer, bedruckter Baumwollstoff) und hatte ursprünglich einen doppelreihigen Knopfverschluss. Mittlerweile trägt es eine schräge Patte, die unten schmäler geschnitten ist und an der fünf bis sechs Knopfpaare angenäht sind. Das unterste Knopfpaar dient zum Befestigen der bänderlosen Schürze am Dirndl. Der Ausschnitt ist oval und mit einer Rüsche aus Quetschfältchen verziert. Auffällig ist die Rückenansicht, die sich mit einem Schnepferl in der Mitte zeigt.

Die Salzburger Liebe zur Tracht gründet in den Festspielen. Mit den ersten Festspielgästen eroberten Dirndl, Lederhose und Trachtenanzug auch international die Herzen und erlangten Bekanntheit. So trug Eliette von Karajan als Geste der Freundschaft zu Salzburg bei den Veranstaltungen das Henndorfer Dirndl. Ihr taten es Politikerinnen und Politikergattinnen bei österreichischen Staatsbesuchen gleich und trugen die Trachten in die Welt hinaus – der erste Hype war entstanden. Schon zuvor wurden aufgrund der entfachten Trachten-Liebe der Städter Heimat- und Trachten-Vereine gegründet. Der damals ins Leben gerufene Salzburger Geselligkeitsclub Edelweiß sorgt mit seinem wohl jedem Salzburger bekannten Edelweiß-Kränzchen noch heute für einen trachtigen Fixtermin im Ballkalender.

Außergewöhnlich. Das Henndorfer Dirndl tanzt mit seiner bänderlosen Schürze und der schrägen Patte am Leib aus der Reihe.

Adeliges in der Steiermark

Der steirische Prinz als Vorbild und Vorreiter der Heimatverbundenheit: Erzherzog Johann und seine Anna Plochl haben den Steirern das Trachtentragen nach- und damit die bedingungslose Leidenschaft für die Tracht vorgemacht. Um sich volksverbunden zu

Dirndl trifft die Regionen

Dirndl-Star. Das Ausseer Dirndl mit dem grünen Leib, dem rosafarbenen Kittl und der lila Schürze ist wohl das bekannteste Dirndl Österreichs.

zeigen, trug der Adelige den grau-grünen Rock und setzte damit schon Mitte des 19. Jahrhunderts den Startschuss für Dirndl und Lederhose. Besonders fleißig ist das grüne Herz Österreichs auch heute noch beim Sammeln, Pflegen und Erneuern seiner Frauentrachten: Aktuell gibt es mehr als 270 Dirndln, die im Heimatwerk namentlich registriert und in ihrer Vielfalt an (Aus-)Schnitten, Formen und Farben offizielle Kleider der Steiermark sind. Über die Steiermark und das Salzkammergut hinaus – wenn nicht sogar als das österreichische Dirndl berühmt, von Billigherstellern gerne kopiert und auch in den steirischen Trachten-Läden mit guter Chance zu finden, ist das als Original gerühmte Ausseer Dirndl. Die international bekannte Alltagstracht zeigt sich mit dunkelgrünem Leib aus Baumwolle oder Leinen, rundem Ausschnitt und Perlmuttknöpfen, mit rosafarbenem geblümtem Rock und lila Schürze mit weißen Blümchen. Heute lässt die Ausseer Tracht aber viel Spielraum zu und spiegelt sich in vielen verschiedenen Farben wider. Denn um es mit der Ausseer Trachtenunternehmerin Helga Brandauer-Rastl zu sagen: „Hätten wir nur das eine Ausseer Dirndl, würden 30 Weiberleut auf der Straße gleich ausschauen."

Historische Bedeutung für die Geschichte und Entstehung der Tracht hat das Anna-Plochl-Dirndl, das nach seiner damaligen Trägerin, der bereits erwähnten Ehefrau von Erzherzog Johann, benannt wurde. Während der Großteil der registrierten Trachten einer Region zuzuordnen ist, ist die Plochl-Festtracht genauso wie das schnitttechnisch ähnlich gestaltete Altsteirer-Dirndl für das gesamte Bundesland gültig. Im Gegensatz zum Dirndl-Grundschnitt, bei dem der Leib bis zur Taille reicht, geht der Empireleib der beiden Sonderformen nur bis knapp unter die Brust. Den Übergang zum Rock bildet beim Plochl-Dirndl ein Schößchen mit sogenannten Wolfszähnen, die sich über die mit Haken befestigte Schürze und den Kittl stürzen und den Bund großteils verdecken. Der Einfluss von Modetrends lässt verschiedene Stilelemente zu: So wird der Leib am Latz mit Goldborten verziert und mit Goldhaken und dünner Goldkordel geschnürt. Den Abschluss des Rocks bildet eine etwa zehn

Dirndl trifft die Regionen

Für das grüne Herz. Das Altsteirer-Dirndl mit seinem Empireleib ist in zahlreichen Farbvariationen in der gesamten Steiermark zu finden.

Zentimeter breite Blende. Das Dirndl gibt es übrigens auch als Brautkleid. Der Schnitt ist in beiden Versionen identisch, sie unterscheiden sich nur durch die verwendeten Stoffe: Während das Brautdirndl komplett aus Seide und mit durchsichtiger, bestickter Schürze und traditionell in den Farben dunkelgrün (Leib), hellgrün geblumt (Rock) und weiß (Schürze) gefertigt ist, besteht das klassische Plochl-Dirndl zwar aus einem grün geblumten Leib aus Seidenstoff und einer Seidenschürze (grau-gold oder violett), der schwarze Rock ist allerdings aus Wollstoff genäht.

Das Altsteirer-Dirndl lässt farblich hingegen mehr Variationen zu. In Rot, Blau, Grün, Violett oder Braun mit Blumen und geometrischen Musterformen verbinden sich der Seidenleib und das Schößchen mit der blauen, violetten oder schwarzen Seidenschürze und dem weißgrundigen Baumwoll-Kittl und zeigen dadurch einen ungewöhnlichen Stoffmix. Durch eine am Rücken unterhalb des Schößchens angenähte Masche erweckt es den Eindruck, als trüge es eine gebundene Schürze.

Tiroler Jugend. Landestypisch trägt die Tirolerin ihr Dirndl einheitlich in bedrucktem, rotem Baumwollstoff. Das Dirndl zeigt sich noch jugendlich, es wurde erst 2011 kreiert.

Einheitliche Jugendlichkeit in Tirol

Es ist rot und schlicht, bewahrt trotz seiner Jugendlichkeit ein Stück Brauchtum und hat im Juni 2011 in Tirol als Bundesland-Dirndl das Licht der Welt erblickt. Der Grund dafür ist einfach: Tirol wollte eine Einheit in der Vielfalt. Die bergige Landschaft Tirols ist bekannt für ihre Vielzahl an Werktagstrachten in den einzelnen Regionen und Tälern. Mit der Buntheit zeigte sich das Tiroler Land aber nicht ganz zufrieden: „Es gibt in Tirol viele wunderschöne Talschaftstrachten, auch für den Alltag. Diese Werktagstrachten gehören in eine bestimmte Region und sollten auch dort beheimatet bleiben. Als Ergänzung dazu haben wir nun das Tiroler Dirndl ins Leben gerufen, das für ganz Tirol stehen soll", verrät Resi Schiffmann, Tiroler Landesbäuerin und Vorstandsmitglied des „Tiroler Heimatwerks", die Hintergründe der Geburtsstunde. Es soll nicht als Konkurrenz, sondern als Ergänzung dienen – schlicht angelehnt an die Tiroler Werktagstrachten mit rundem Ausschnitt, gereihtem oder in Falten gelegtem Rock und vorne

Urtracht. Ein schwarzes Kleid mit vorne geschnürtem Mieder macht die Montafoner Festtracht aus.

gebundener Schürze. Die Schnittführung soll sich einfach und das Rückenteil deshalb ohne Teilungsnähte gestalten. Außerdem sollen sich die Farben des Tiroler Wappens wiederfinden. Des Weiteren zeigen sich die Knöpfe – genauso wie am Tiroler Anzug – mit dem landestypischen Adler. Und: Es musste ein Kleid werden, das als Konfektionsware erhältlich und auch für die weniger pralle Geldbörse erschwinglich ist. Passend zum Tiroler Anzug der Herren wurde eben deshalb ein Dirndl für die Dame kreiert. Es lässt Variationen zu, ist als Baumwoll- oder Festtagsdirndl erhältlich und kurz oder lang zu tragen.

So präsentiert es sich, das Tiroler Dirndl: Mit der Baumwoll-Variante trägt die Dirndlfreundin Leib und Rock einheitlich aus rotem Baumwolldruck. Der Halsausschnitt ist mit grünem Passepoil eingefasst, dazu passt eine grüne Schürze. Festlicher zeigt sich die zweite Variation, nämlich mit rotem Leib in Woll- oder Seidenbrokat, grünem Seiden-Passepoil am Halsausschnitt, schwarzem Rock und ebenfalls grüner Schürze.

Neben erneuerten Einheitstrachten findet sich typisch für die traditionelle Seite des Tiroler Unterlandes und teilweise auch für den benachbarten Salzburger Pinzgau das sogenannte Kassettl, auch Röcklgwand genannt. Wesentliche Merkmale des Dirndls sind der kassettenartige Ausschnitt des Mieders, in den zur Zierde oft Blumen gesteckt sind, und der schwarze, bestickte Stoff, aus dem es gefertigt wird. Dazu trägt die Tirolerin einen kleinen, zylinderartigen Hut mit goldenen Quasten und Goldstickereien. Breite Samtbänder am Hut fallen über den Rücken und werden am Hinterkopf gebunden. Aber Vorsicht: Der „Kassettl-Hut" wird nur von verheirateten Frauen getragen. Ganz streng gesehen wird auch das Röcklgwand an sich erst bei der Hochzeit getragen und ist damit traditionell nichts für Unverheiratete. Unabdingbar zum Kassettl sind der spezielle Schmuck mit vielgängiger Kropfkette, Brosche, Ohrringen, Uhrkette und Haarspange sowie ein aufwendig goldbesticktes Tuch. Ursprünglich wurden zu dieser Tracht weiße Strümpfe getragen, seit dem 20. Jahrhundert sind jedoch schwarze Seiden- bzw. Nylonstrümpfe gängig.

Glanzvoll. Mit der sogenannten Glästmaschine wird dem Rock der Juppe zur glänzenden Oberfläche verholfen.

Viel Ursprüngliches in Vorarlberg

Vorarlberg ist außergewöhnlich in seiner Vielfalt, Ursprünglichkeit und bezüglich des Alters der getragenen Trachten. Hier werden Kleider aus beinahe allen Stilepochen bis hin zu erneuerten Trachten getragen. So unterscheiden die Vorarlberger ganz streng zwischen Dirndl und Tracht: Ersteres ist ausschließlich die Modeerscheinung, zweiteres das traditionelle Gewand. Eine Besonderheit ist die Bregenzerwälder Frauentracht, die sogenannte Juppe. Mit ihrem Ursprung im 15. Jahrhundert ist sie die älteste noch in der Anfangsform erhaltene Tracht Österreichs, ja sogar die älteste im Alpenraum. Das Besondere daran ist die stark glänzende und steife Oberfläche des Juppenrockes. Dazu wird der Rock mit einem speziell angefertigten Klebstoff geleimt und ihm mit einer Glästmaschine zu mehr Glanz verholfen. Danach wird der Stoff in rund 500 Falten gelegt. Das händische Fälteln eines Juppenrockes verlangte früher die Arbeit eines ganzen Tages – bis schließlich die Erfindung einer Fältelmaschine nach dem Vorbild französischer Plissiermaschinen das mühevolle Handfälteln des Rockes überflüssig machte.

Das Mieder-Oberteil kann in Rot oder Schwarz getragen werden, wobei die rote Variante beim Ausschnitt mit einem üppig handbestickten Band verziert wird. In den Ausschnitt wird ein goldbesticktes Tuch, der sogenannte Blätz, gesteckt. Um die Nähte am Rückenteil zu verdecken, trägt die Bregenzerwälderin dort drei geknüpfte Goldspitzen. Die mit Hand bestickten Bänder machen jede Juppentracht zu einem Unikat. Und: Damit auch das Drunter stimmt, zieht man im Bregenzerwald zum Dirndl einen schwarzen Unterrock mit roten Zacken an.

Neben der Bregenzerwälder Tracht, der Montafoner Tracht und zahlreichen anderen historischen Trachten aus den Regionen, tragen die Vorarlbergerinnen auch in den Städten eigene historische Trachten, sogenannte Patriziertrachten. Die fünf traditionellen Städterkleider werden in Bregenz, Dornbirn, Feldkirch, Hohenems und Bludenz vor allem in Trachtengruppen getragen. Moderner und auch für die Jugend zugänglicher kommen da schon die erneuerten Trachten daher. So zeigt sich etwa das neue Feldkircher-Dirndl nicht mehr mit Ärmeln und reichlich Spitze an Arm- und Halsausschnitt, sondern im roten

Urgestein. Die Juppe ist die älteste Tracht in Österreich. Der Rock wird in rund 500 Falten gelegt.

Schnür-Mieder und Latz aus einem in sich gemusterten Wollstoff. Zudem zieren zwei schwarze Samtbänder das Vorderteil und schaffen die farbliche Verbindung zum schwarzen Rock aus Wollstoff. Die Baumwollschürze kann in Farbe und Muster variieren, dazu werden rote Strümpfe getragen.

Sommerliche Frische in Wien

Die Bundeshauptstadt hat ihre Dirndln vor allem den Sommerfrischlern zu verdanken. Ländliche Trachten wurden in Wien zwar bereits in der Barockzeit getragen, wirklich aktuell wurde das Dirndl aber erst im 19. Jahrhundert – nämlich mit dem Besuch der adeligen Jagdherren aus dem Salzkammergut. So trugen bald die Fürstinnen auf der Sommerfrische die einfachen Kleider der Bäuerinnen und nahmen ihre Vorliebe fürs Dirndl in die Stadt mit. Damit war der Einfluss des Ausseerlandes in die Wiener Trachtenlandschaft besiegelt, verstärkt durch die in Wien wohnhaften Brauchtumsforscher des Salzkammergutes, die das Ihre zur Trachtenpflege taten.

Bereits sehr früh wurden die Wiener in puncto Trachtenpflege aktiv: Sie führten Feldforschungen durch, systematisierten die Ergebnisse, werteten Fragebögen aus und schneiderten gefundene, alte Trachtenstücke nach. Das Resultat: Überraschenderweise hat Wien trotz seines Großstadtcharakters, aber dank seines Schnittpunkts zwischen dem Alpenvorland und dem Weinviertel eine große Vielfalt an Trachten.

Treibende Kraft waren vor allem die Wiener Volkstanzgruppen, die – um die Lust am Dirndl zu wecken und diese vor allem nicht wieder einschlafen zu lassen – regelmäßig Kurse zum Schneidern des eigenen Stücks abhielten, natürlich regionsspezifisch, versteht sich. Dem Bemühen folgten große Trachtenschauen und eigene Bälle. Das Begehren fruchtete: Mittlerweile ist das Dirndl auch in Wien im alltäglichen Leben und bei öffentlichen Veranstaltungen keine Seltenheit.

Was ist aber nun typisch wienerisch? Vorne geschnürte Leibchen oder der asymmetrische Verschluss sind häufig zu finden. Die Farben Rot und Blau sowie Schwarz und Braun dominieren, dazu möglichst kleine, überlieferte Muster. Sind Leib und Rock aus verschiedenen Farben, sollen sie nicht beide gemustert sein.

Ganz charakteristisch für die Bundeshauptstadt ist die Grinzinger Alltags- und Festtagstracht, die den für Wien typischen asymmetrischen Verschluss zeigt und sich in zahlreichen Erzählungen und Bildern wiederfindet: ein eckiger Ausschnitt des Leibchens, der Rücken mit einfa-

Wienerisch. Die Farben Rot und Blau dominieren bei den Wiener Dirndln, sowohl bei der Alltags- (links) als auch bei der Festtracht (rechts).

chen Bogennähten – beides passepoiliert. Der Verschluss ist seitlich nach links verschoben und besteht aus vier Perlmuttknöpfen, die in gleichen Abständen oder in größeren Abständen zum obersten Knopf angebracht werden. Der Leib der Alltagstracht ist kariert – die Farben variieren, zumeist werden sie aber in blau-rot-weiß gehalten. Die Schürze zeigt sich hellblau und nicht gemustert. Die Grinzinger Alltagstracht gibt es auch als Wintervariante – mit langen Stoffärmeln aus Wollbrokat. Bei der Festtagstracht ist das Dirndl-Leibchen nach Originalbeschreibung hellblau, klein gemustert und aus Seidenbrokat, der dazugehörige Rock dunkelblau und aus Wollbrokat. Die passende Schürze wurde aus Seide, silber gestreift, gewählt. Als farbliche Alternative wird noch ein zweites Dirndl beschrieben: das Leibchen hellrot und klein gemustert, der Rock schwarz, mit hellblau gestreifter Schürze.

Der zweite typische Vertreter, die Thenneberger Tracht, ist vom Wienerwald bis über Wien und ins Weinviertel verbreitet. Auch sie zeigt sich richtig wienerisch: nämlich mit dem zweiten markanten Merkmal, dem Schnürmieder. Das Schnürleibchen kann mit drei verschiedenen Rückennähten angefertigt werden: mit der ältesten Form, dem glatten Rücken mit Mittelnaht, der doppelten Bogennaht und der einfachen Bogennaht. Der passepoilierte Ausschnitt ist rund und mit einer schwarzen handgefertigten Schnur zusammengehalten. Das Leibchen zeigt sich in Rot, rot-schwarz-weiß-kariert oder im blau-schwarz-weißen Mischkaro, der Rock ist schwarz, in verschiedenen Blautönen oder schwarz-violett gestreift, die Schürze – je nach Leib und Rock – weiß mit blauen Ranken, ungemustert schwarz oder ungemustert blau.

Tracht trifft Persönlichkeit

Dirndl trifft Engagement –
Gexi Tostmann, Seewalchen und Wien

Sie ist promovierte Volkskundlerin. Sie schreibt Bücher und veranstaltet Ausstellungen, erhält Auszeichnungen und organisiert Wettbewerbe. Sie hat – so sagt sie selbst – zwei linke Hände, was die Schneiderskunst betrifft; überlässt tiefe Einblicke aufs Dirndl-Dekolleté lieber anderen Frauen und hat für jeden Tag im Jahr ein Dirndl im Schrank hängen. Gesine „Gexi" Tostmann ist der Inbegriff von Leidenschaft für Tracht. Die Oberösterreicherin führt ein Leben zwischen Salzkammergut und Bundeshauptstadt, zwischen Land- und Großstadt-Idylle, zwischen den beiden Geschäftsstandorten in Seewalchen und Wien. Obwohl das Unternehmen nun ihre Tochter Anna Tostmann-Grosser lenkt, ist die 71-Jährige nur auf dem Papier in Pension. Dafür hat sie keine Zeit, viel zu viele Energien – und wohlgemerkt: jede Menge Schmäh. Ihre Pläne? Neue Publikationen, die Aufarbeitung der großen Trachtensammlung und eine lebendige Präsentation im sogenannten Büchsenmeistergütl, einem nahe dem oberösterreichischen Firmensitz gelegenen alten Handwerkerhaus. Ganz im Sinn der Familientradition beginnt Tochter Anna, das ziemlich baufällige Anwesen herzurichten. Nach der Renovierung werden hier eine große Sammlung an historischen Trachten, Hüten und Hauben sowie Illustrationen zur Geschichte der Textilindustrie in der Region, zum Brauchtum im Kirchenjahr mit der dazugehörigen Kleidung und eine große Fachbibliothek zu sehen sein. Außerdem ist ein eigenes Hochzeitszimmer mit

Blick auf den See, das auch für standesamtliche Trauungen gemietet werden kann, geplant. „Nachdem das Haus sehr alt ist, teilweise aus dem 16. Jahrhundert, und in einem sehr schlechten Zustand, wage ich es nicht, das Renovierungsende abzusehen", verrät Anna Tostmann.

Zurück ins Stammhaus: In Seewalchen sind Laden, Geschäftssitz und Produktion untergebracht. Das Gebäude heißt seine Besucher bereits durch das äußere Erscheinungsbild willkommen, umgeben von einem geschotterten Platz steht es da. Im Inneren dürfte dann wohl jedem Dirndl-Fan das Herz aufgehen: Farben, Formen, Größen – Dirndln soweit das Auge reicht. Die Faszination dieses Kleides? Die zeigt sich für Gexi Tostmann im Gegenpol zur gegenwärtigen Mode, in der sich das Weibliche und das Männliche immer mehr verlieren. Die Tracht ist für Tostmann der Kontrapunkt zur Wegwerfgesellschaft, in der Billigmode kreiert wird, die man nach einer Saison entsorgt. Und: Das Dirndl ist ein Allroundtalent. Mit ihm ist man immer richtig angezogen, nie over- und nie underdressed. „In manchen Zeiten fällt man mehr, in manchen Zeiten weniger auf", lacht Tostmann. Die Unternehmerin setzt sich an den Tisch im ersten Geschoß des Hauses, auch in der oberen Etage hängen jede Menge Kleider an der Stange. Trotz der Einheit herrscht hier Vielfalt. „Wir variieren vor allem in den Farben und in kleinen Details, der Schnitt bleibt gleich", verrät die Expertin. Für modische Trends ist Tochter Anna zuständig. „Lässt es sich gar nicht mehr vermeiden, so geben wir mit zarten Änderungen nach – um nicht verstaubt zu wirken", zwinkert die Senior-Chefin. So kreierte die Tochter für das Tostmannsche Sortiment etwa ein Dirndl mit kleinem Stuartkragen und bringt neue, bunte Tupfer in die Kollektion.

Gexi Tostmann spricht mit einer Leidenschaft über das Dirndl, die – ist man nicht ohnehin schon „infiziert" – ansteckend wirkt. Kein Wunder, die Passion dazu wurde ihr quasi in die Wiege gelegt. „Tostmann Trachten" ist ein Familienunternehmen in dritter Generation. Das Ehepaar Jochen und Marlen Tostmann, die Eltern von Gexi und die Großeltern von Anna Tostmann, gründeten das Unternehmen im Jahr 1949 als Zweipersonenbetrieb. Mit einem Handwebstuhl und einer alten

Unschlagbares Duo. Gexi Tostmann und Tochter Anna Tostmann-Grosser stehen für Dirndln mit Familientradition.

Nähmaschine stellten sie Trachten und kunstgewerbliche Einzelstücke her. Schon ein Jahr später wurde die erste Mitarbeiterin eingestellt. Gexi Tostmann blättert in ihrem Album und zeigt auf eine Schwarz-Weiß-Fotografie, auf der sie als Kleinkind zu sehen ist: „Das hier, das ist mein erstes Dirndl."

Seitdem hat sich viel getan: Heute zählen die beiden Standorte in Seewalchen und Wien rund hundert Angestellte. „Tostmann" ist das einzige große Trachtenunternehmen, das noch im Inland produziert. Während andere Hersteller ihre Produktion für billigere Preise ins Ausland verlegten, reduzierte die oberösterreichische Trachtenspezialistin ihre Erzeugung und blieb am Standort. Sie lasse sich in kein Korsett zwängen, beschreibt die Trachtenspezialistin ihr Wesen und ihr Unternehmen. So zog sie etwa für das Recht, ihre Läden auch an Samstagen länger offen zu halten, bis vor den Verfassungsgerichtshof und leitete damit die langen Samstagsöffnungszeiten ein. Seit 20 Jahren verzichtet „Tostmann" außerdem auf Fachmessen. Die Sommer- und Winterkollektionen werden – mit anfänglichem Widerwillen des Handels – nur noch im Stammhaus Seewalchen präsentiert.

Wohl auch diese Widerspenstigkeit, aber vor allem ihr Engagement brachte Gexi Tostmann den ausgezeichneten Ruf. Sie gründete den Kulturverein Mölkerstiege, der viele Veranstaltungen nicht nur zum Thema Tracht organisiert, verfasste unzählige Fachbeiträge und rief gemeinsam mit ihrer Tochter den „Emilie-Flöge-Preis" und den „Konrad-Mautner-Preis" für Persönlichkeiten, die sich um die Tracht verdient gemacht haben, ins Leben. 2008 erhielt Gexi Tostmann das Silberne Ehrenzeichen für Verdienste um die Republik Österreich, 2011 dann der Betrieb den Preis für das Unternehmen des Jahres. „Zuerst haben wir an einen Irrtum geglaubt und gar nicht auf das Mail reagiert", erinnert sich Gexi Tostmann. Dann ist dem Gespann zumindest ein plausibler Grund für die Nominierung eingefallen: „Tostmann Trachten" wird bereits über drei Generationen erfolgreich von Frauen geführt: „Und dann war es für uns klar."

Variationsreich. Dirndln in zahlreichen Farben, Formen und Größen lassen sich bei „Tostmann" finden. Das Schöne daran? Für Gexi Tostmann der Kontrapunkt zur gegenwärtigen Mode, in der sich das Männliche und Weibliche immer mehr verliert.

Dirndl trifft Event – Gerhard Gössl, Salzburg

Begonnen hat im Hause Gössl alles mit der Bluse. 1947 gründeten die Eltern von Gerhard Gössl ein Unternehmen zur Herstellung von Trachtenblusen und Trachtenhemden. Der Sohn machte daraus einen Vollanbieter für Trachtenoberbekleidung. Dem Trachtenhemd blieb er treu – er erfand das „Pfoad" für Männer und Frauen neu. Für Gössl gilt der Grundsatz Erzherzog Johanns: „Getreu dem guten Alten, aber nicht minder offen für das Neue."

Das Unternehmen kreierte in den letzten Jahrzehnten nicht nur seine markante Linie, die sich laut Gerhard Gössl nicht zu viel mit Mode einlässt, sich durch viel Handarbeit auszeichnet und deren Weiterentwicklung stets mit Respekt vor der traditionellen Überlieferung geschieht, aber dennoch zeitgemäß ist. Im Gwandhaus in Salzburg, einem beliebten Eventlokal und zugleich prächtigem Geschäftssitz an der Hellbrunner Allee in Salzburg, zeigt Gerhard Gössl darüber hinaus seine Trachten in einem entsprechenden Ambiente. Mit seinen Dirndlflugtagen im Garten des Gwandhauses und neuerdings in Wien gibt Gerhard Gössl dem Dirndl und der Lederhose originelle Auftrittsmöglichkeiten.

Tracht und Mode sieht er dennoch als Widerspruch, auch wenn sich die Tracht immer wieder verändere. Doch genauso sei die Gesellschaft im Wandel, wie sich aktuell zeige: „In Zeiten der wirtschaftlichen Verunsicherung und Finanzmarktkrise greift man wieder zu Symbolen der Sicherheit. Dazu gehören auch Trachten." Bei „Gössl" zeigte sich das zuletzt an den Zahlen: Im Krisenjahr 2008 schrieb das Unternehmen die besten Zahlen seit zehn Jahren. Was Gössl zudem beobachte, sei eine Bewusstseinsänderung bei jungen Menschen: Die Amerikanisierung habe nicht mehr den Stellenwert wie früher, das Eigene zähle nun mehr.

Muster und Modelle haben bei Gössl stets historische Bezüge, die Paspeleinfassungen sind mittlerweile zum Symbol für Gössl-Trachten geworden, die Perlmuttknöpfe werden per Hand mit dem Hahnenfuß-

Gerhard Gössl. Sein Motto lautet „Getreu dem guten Alten, aber nicht minder offen für das Neue." Dennoch lässt er sich bei seiner Trachtengestaltung nicht zu viel mit Mode ein.

stich angenäht, ein altes Fruchtbarkeitssymbol. Produziert wird in Europa, keinesfalls im Fernen Osten, wie Gerhard Gössl betont. Das Unternehmen ist mit 35 Geschäften in Österreich, der Schweiz und Deutschland präsent. Die Flut an Billiganbietern tangiert den Trachtenhersteller nicht. Das sei wie die Unterscheidung zwischen Mercedes und indischem Billigauto, bemerkt Gössl ironisch, der am liebsten

Dandys als Kunden hat. „Die legen halt großen Wert auf ausgefallene Kleidung und sind insofern gern Vorbilder." Bei Frauen sieht er diese Lust an schönen Dingen generell ausgeprägter. „Männer hingegen leben im Bewusstsein, das nicht zu brauchen, weil sie sowieso perfekt sind."

Für Gerhard Gössl gehört die Tracht auch zu seiner täglichen Ausstattung. „Ich hab' nix Anderes." Lediglich das Tragen der Lederhose sei bei ihm weniger geworden. Der Grund: Das Unternehmen hat eine Hose aus Hanf entworfen, die sich bequemer tragen lässt. Mit der ist der Firmenchef mitunter auch beim Wandern zu sehen. Für Gössl gehören Tracht und Alpinismus zusammen. Wenn er von „Berghygiene" spricht, meint er, dass sich Wanderer im Einklang mit der Natur in gedeckten Farben kleiden. Für ihn als Ästheten ist das selbstverständlich.

Mit seinen Kollektionen und den Dirndl-Events ist der Trachtenexperte auch künftig bemüht, diesem Kleidungsstil zu noch mehr Geltung zu verhelfen – nicht nur im engsten Verbreitungskreis Salzburg, Steiermark und Salzkammergut, sondern auch in Regionen, in denen das Dirndl schon verdrängt wurde. „Die Tracht hat deswegen überlebt, weil sie sich immer an alle Umstände anpassen konnte", meint Gössl. Als Qualität schreibt er ihr Heimatverbundenheit zu, als Symbol für politische Zuordnung tauge sie hingegen nicht. Apropos: Gerhard Gössl staunte nicht schlecht, als er im Fernsehen ein Interview mit dem früheren libyschen Staatschef Gaddafi sah, gekleidet in eine Gössl-Tracht. Er sei ihm dadurch aber nicht sympathisch geworden, schmunzelt er.

Dirndl trifft Mode – Tanja Pflaum, Ploom, Salzburg

„Donnerstag, Freitag und Samstag geöffnet" steht gemeinsam mit dem Hinweis auf die genaue Uhrzeit an der kleinen Ladentüre in der Salzburger Innenstadt. Gearbeitet wird bei Tanja Pflaum und ihrem Label „Ploom" trotz verschlossener Türen aber an allen Wochentagen. Im Inneren zeigen sich nämlich nicht nur Kleiderstangen mit Dirndln und

Accessoires, sondern auch das Atelier der Designerin. Die gebürtige Münchnerin entwirft ihre Kreationen selbst – vom Schnitt bis zum selbst genähten Musterstück, mit ausschließlich heimischen Materialien. Die Ösen und Knöpfe kommen aus österreichischen Kleinunternehmen, die Strasssteine von Swarovski, Stoffe und Drucke aus verschiedenen Webereien. Die Kollektionen selbst werden von Näherinnen hergestellt – allesamt in Europa. Denn: „Was gar nichts mehr mit dem traditionellen Dirndl zu tun hat, sind billige Stoffe aus China und Produkte aus Kinderarbeit. Eine Verkitschung und eine Unwertigkeit des Dirndls geht gar nicht", zeigt die Designerin den von ihr so titulierten „Ramsch-Dirndln von der Stange" die Zähne.

Multi-Talent. Tanja Pflaum kreiert ihre Dirndln selbst. Im oberen Geschoß des Ladens in der Salzburger Innenstadt fertigt sie die Musterstücke an.

Die Kleider von Tanja Pflaum sind für traditionelle Dirndlträgerinnen sicher ungewöhnlich: Sie würzt die ursprüngliche Tracht mit neuem Zeitgeist, Sexappeal und Mode. So kommen die „Ploom"-Kreationen auch einmal ohne Schürze aus. Sie sind teilweise als Korsage ähnlich wie ein Cocktailkleid gearbeitet und können mit oder ohne Bluse getragen werden. Die Designerin spielt mit bunten Farben und flotten Schnitten. „So mache ich die Tracht auch für junges Publikum zugänglich", findet die Wahl-Salzburgerin und drückt auf den Knopf ihrer kleinen Kaffeemaschine im Geschäft: „Ich habe nicht viel geschlafen", meint sie entschuldigend: „Meine Zwei halten mich auf Trab." Ihre Zwei, damit meint sie ihre Zwillinge. Lilli und Leo verdankt die Jungmutter auch die Idee ihrer neuesten Kreationen: Das ist zum einen das

Dirndl für die Schwangerschaft mit höher angesetzter Rocknaht und ohne Schürze („Damit es nicht noch mehr aufträgt", sagt Pflaum.) und zum anderen ist das ein Baby-Dirndl in besonders kleinen Größen und bequem aus weichen Stoffen angefertigt. Zum neuen Hochzeitsdirndl, schulterfrei, weiß, in zwei verschiedenen Längen – und sehr oft auch ohne Schürze als schlichtes Brautkleid ohne trachtige Einschläge getragen – animierten sie die Kunden, „die immer wieder in den Kreationen heiraten wollten".

Tochter Lilli zeigt sich übrigens schon in jungen Jahren als perfektes Model für die Kollektion und tritt damit gleich in die trachtigen Fußstapfen ihrer Mama. Die erinnert sich selbst noch sehr gut an ihre ersten eigenen Trachten-Erfahrungen: „Meine Mutter steckte mich an einem Kindergeburtstag ins Dirndl. Ich protestierte. Danach gefiel es mir so gut, dass ich es tagelang nicht mehr ausziehen wollte."

Für Tanja Pflaum stand damit früh fest, dass ihre Leidenschaft der Mode gilt: Schon neben der Schule schnupperte sie in Schneidereien, lernte in Kursen Schnitte zu zeichnen und nähte sich aus alten Stoffen ihre eigenen Kleider. Die Matura in der Tasche zog es die Münchnerin nicht in eine der vielen Modemetropolen, sondern zuerst nach Indien in die Werkstätte eines indischen Kleidermachers und dann nach Wien in die Modeschule. „Wichtig war mir immer das Handwerk selbst, ich wollte lernen, ein Kleidungsstück vom Anfang bis zum Ende entstehen zu lassen." Hinter den Bühnen der Salzburger Festspiele, der Wiener und Brüsseler Staatsoper fertigte sie Kostüme an, bis sie nach abgeschlossenem Diplom für Modedesign und Bekleidungstechnik in einer Herrenschneiderei ihren Meister ablegte.

Mit der Befähigungs-Urkunde, jeder Menge kreativer Ideen und der Vision von aufreizender, jedoch nicht zu überladener und angenehm zu tragender Tracht in der Tasche eröffnete sie schließlich ein Atelier in einem kleinen Gewölbe in Salzburg. Zwei Jahre später gründete die Jungdesignerin ihr Label „Ploom", für das sie seitdem jedes Jahr zwei neue Kollektionen mit verschiedenen Accessoires wie Unterwäsche,

Mini-Model. Baby Lilli tritt schon in jungen Jahren in die trachtigen Fußstapfen ihrer Mama.

Tracht trifft Persönlichkeit

Boleros, Taschen und Stutzen auf den Markt bringt. Ihr Markenzeichen: die Libelle, aus Swarovski-Steinen gefertigt, ziert jedes Stück der Unternehmerin und soll mit den Attributen „luftig und leicht" das Image der Marke widerspiegeln.

Mittlerweile ist Tanja Pflaum mit Atelier und Laden etwas näher Richtung Altstadt übersiedelt, dort hat sie mehr Platz, den sie auch braucht: Mit der Ergänzung ihrer Kollektion stattet sie erfolgreich auch modebewusste Unternehmen und deren Mitarbeiter aus. „Alles in allem habe ich mir meinen Kindheits- und Jugendtraum erfüllt", lächelt sie.

Dirndl trifft Trend – Ulli Ehrlich, Sportalm, Kitzbühel

Es muss schon eine große Marke sein, damit eine russische Kundin zu einem Kleidungsstück greift. Die Mode- und Skimodekollektionen des Tiroler Familienunternehmens „Sportalm" gehören dazu. Weniger allerdings die Dirndln. „Die würdigen sie nicht mal eines Blickes", verrät die Chefdesignerin und designierte Geschäftsführerin von „Sportalm", Ulli Ehrlich. Und das sei auch gut so. Schließlich gehöre zum Dirndl eine gewisse Verbundenheit – trotz aller gestalterischen Abweichungen vom klassischen Weg der Trachtentradition, die „Sportalm" eingeschlagen hat.

Wilhelm Ehrlich produzierte zuerst als Geschäftsführer und Anfang der 1980er-Jahre als Eigentümer des Unternehmens Trachten und Skimode. Bei den Trachten hatte er einen guten Riecher, denn „Sportalm" gilt als Wegbereiter des Austrian Looks. „Wir dürfen behaupten, dass wir diejenigen sind, die die Mode in die Tracht gebracht haben", betont Ulli Ehrlich. Dazu wurden die originären tradierten Vorlagen und Muster genommen, ins Heute übersetzt und das mit modernen französischen oder italienischen Stoffen, die man sich von der Pariser Stoffmesse geholt hatte. „Die neue Trachtenmode war der Grundstein unseres Erfolgs. Wir haben das gelebt. Wir haben sie groß gemacht und umgekehrt hat uns die Trachtenmode groß gemacht."

Ulli Ehrlich, „Sportalm". Das Tiroler Bekleidungsunternehmen hat die Mode in die Tracht gebracht, wenn es auch zunächst viel Kopfschütteln geerntet hat. Die aktuellen Dirndlkreationen tragen die Handschrift der Wiener Designerin Susanne Bisovsky.

Im Nachhinein gesehen sei es Wagemut gewesen, fortan nicht mehr nur rot und dunkelblau für die Dirndlherstellung zu verwenden. „Negative Stimmen von ‚Hardcoretraditionalisten' gab's und gibt's auch heute noch", erzählt Ehrlich. Doch so richtig erschüttert haben sie damals, als der Boom des Austrian Looks begann, erst die Reaktionen auf die

Models mit dunkleren Hautfarben, die sie in den 1990er-Jahren auf die Laufstege und vor die Kameras schickten. „Ein pastellfarbenes Seidendirndl auf farbiger Haut knallt halt viel mehr, als wenn ich das einer Blondine anziehe, dachte ich mir", betont Ehrlich. Darauf bekam sie Rückmeldungen wie: Man könne doch nicht einer Negerin ein Dirndl anziehen! „Ich war schockiert, wie kleingeistig die Menschen sein können", erinnert sich die Designerin.

Als Brauchtumspfleger sehen sich die Macher von „Sportalm" nicht. Doch trotz aller Experimentierfreude gibt es klare Regeln im Unternehmen: Polyesterstoffe sind tabu, das Dirndl muss aus Naturstoffen bestehen, die meisten Materialien kommen aus Österreich. „Wir greifen jetzt wieder mehr auf traditionelle Dinge zurück", die modisch sein können, aber sich genauso alter Vorlagen bedienen. Beim Leinen dürfe es hingegen gern italienische Ware sein, die einen „lässigeren Touch" habe.

Die Dirndl-Kernmärkte von „Sportalm" sind traditionell Österreich, Süddeutschland und die Schweiz. Die Zeiten der „Landhaus-Mode" mit ihren „argen Auswüchsen" wie Leder und Leinen, die sich auch über ganz Deutschland gezogen hätten, seien zum Glück schon lange vorbei, meint Ehrlich. Lediglich für das Oktoberfest schlüpfen Kundinnen aus nicht-alpinen Regionen heute ins Dirndl – was sich umsatzmäßig auch in den „Sportalm"-Filialen auf der Insel Sylt und in Hamburg zeige. Einen neuen Boom wie den der Landhaus-Mode sieht Ehrlich nicht, wenn auch ständig vom Dirndl gesprochen werde und man kontinuierlich Umsatzzuwächse schreibe. „Doch verglichen mit dem Boom der 1990er-Jahre ist das Dirndl eine Nische geblieben", sagt die Designerin. Sorgen bereite ihr vielmehr, dass das „zarte Aufblühen" der Tracht durch Billigstanbieter zunichtegemacht werde. Es gelte hier, eine klare Abgrenzung zu den „59-Euro-Dirndln" aus dem Kaufhaus vorzunehmen und die eigentlichen Werte des Dirndls hervorzuheben. Abgesehen davon: „Wenn ich mir um 500 Euro ein Dirndl kaufe, ist das kein Gag. Es ist vielmehr ein Statement, eine Werthaltung, die über mehrere Jahre anhält."

Dirndl trifft Festspiele – Willi Lanz, Salzburg

„Sporthaus Lanz" steht auf der gelben Hausfassade in der Imbergstraße – nicht ohne Grund: Begonnen hat die Unternehmensgeschichte der Salzburger Trachten-Familie nämlich mit Sport- und Skiartikelherstellung. Das war damals, heute zeigen die Auslagen am Eingang neben dem Parkplatz vor der engen Altstadt-Häuserzeile die Dirndl-Vielfalt des Unternehmens: Alle Stoffe sind hier Exklusiv-Drucke, nur wer ein „Lanz"-Dirndl trägt, kann sie sein Eigen nennen. Die Persönlichkeiten hinter der Marke sind die Brüder Willi und Nikolaus Lanz. Ersterer öffnet die Türe zum Unternehmenssitz – in kurzer Lederhose, grünen Stutzen und einem freundlichen Gruß. Das Familienunternehmen steht hoch im Kurs – trotz Billigherstellern und Wirtschaftskrise. Wie viele Dirndln in den Geschäften in Salzburg und Wien über den Ladentisch wandern, das möchte Willi Lanz aber nicht verraten. Nur so viel: „Billighersteller kommen und gehen, wir sind seit 90 Jahren in der Branche tätig, halten unsere Qualitätsstandards und genießen unseren Status."

„Lanz"-Dirndln sind tatsächlich in aller Munde: Der weltweit älteste Trachtenmodenhersteller ist auch international ein Begriff. Und: „Nicht umsonst haben ‚Lanz' und die Salzburger Festspiele das gleiche Gründungsjahr", verrät der Chef, der mittlerweile im Büro vor dem Schauraum im zweiten Stock Platz genommen hat. Die Räume sind schmal wie die Häuser in der Imbergstraße, was aber auch im Inneren nichts an Atmosphäre einbüßen lässt. Hier wird gemütliche Traditionalität auch mit der Einrichtung gelebt – und gearbeitet: Am Unternehmenssitz findet sich die Maßschneiderei wieder, exklusive Stücke werden hier der Trägerin auf den Leib geschneidert. „Wir machen hier tragbare Tracht", betont Willi Lanz. Die Idee dazu kam, als auch die Gäste aus dem Ausland die Mozartstadt und die Festspiele entdeckten. „Wir waren die ersten, die Handleinen gefärbt haben", verrät er: „Wir haben bei der Bekleidung aus Salzburg und dem Salzkammergut Ideen gesammelt und damit sofort eingeschlagen." Denn: Die Festspielgäste entdeckten die Tracht für sich, so wurden Dirndl und Lederhose international bekannt. Von Elizabeth Taylor und Königin Elizabeth II von

Farbenspiel. Das typische Lanz-Dirndl ist aus farbenfrohen, einzigartigen Stoffen gefertigt.

Trachten-Festspiele. Willi Lanz führt das Unternehmen gemeinsam mit seinem Bruder. Nicht selten finden sich die Exklusiv-Drucke der „Lanz"-Dirndln bei den Festspielen wieder.

England damals, bis zu Caroline von Monaco, Tommy Hilfiger, Karl Lagerfeld und dem chinesischen Ministerpräsidenten samt Gattin heute – sie alle trugen und tragen „Lanz"-Tracht.

Willi Lanz erhebt sich vom blassroten Biedermeier-Sofa und öffnet den Schauraum. Der Blick durch die Tür ver- und bezaubert. An Kleiderstangen reihen sich die Dirndln in zahlreichen Farben und Formen.

Tracht trifft Persönlichkeit

Die typischen „Lanz"-Farben sind fröhlich. Apfel- und Flaschengrün, Ausseerrosa und Maisgelb sind in den zweimal jährlichen Kollektionen auf jeden Fall zu finden. Und: Das typische „Lanz"-Dirndl ist ein Mieder-Schnitt. Die Stoffdrucke zeigen sich im traditionellen Blümchenmuster genauso wie in Jagdmotiven oder Mozartköpfen im Mozartjahr. Auch bei „Lanz" gilt: Erlaubt ist (beinahe) alles, was gefällt. „Ein Dirndl, das ist für jede Frau äußerst kleidsam. Ein Dirndl ist der attraktivste Kleidungsstil, er macht die Frau weiblich und anziehend. Es verdeckt kleine Schwächen und hebt Stärken hervor. Es gibt keine Frau, der ein Dirndl nicht passt", ist Lanz überzeugt. Er selbst hat übrigens nur fünf Lederhosen im Schrank hängen. „Das ist genug, jede Lederhose hält ein Leben lang."

Dirndl trifft Wasser – Helga Brandauer-Rastl, Bad Aussee

Bad Aussee ist anders. Hier trägt man das Dirndl nicht nur als Wirtin oder zu besonderen Anlässen. Tracht ist hier präsent – allerorts und überall: im Kaffeehaus, beim Bummeln, beim Einkaufen – und natürlich bei Helga Brandauer-Rastl im Geschäft. Dirndl und Co sind in Bad Aussee ein Lebensgefühl, das merken Besucher sofort. So wissen auch die Rastls keine unpassende Gelegenheit für das Dirndl: Sogar zum Schlafen und zum Schwimmen trägt man hier den Steirer Kittl, wie man das Dirndl in Bad Aussee nennt. Nicht ohne Grund: Zum einen hat Helga Brandauer-Rastl gerade ein Dirndl-Nachthemd kreiert, zum anderen ist die Steirerin die Erfinderin des Dirndlflugtages. Nach dem Motto „Hinein ins Dirndl und hinaus in die kalten Fluten" hat sie die Idee geboren. „Eigentlich als einmaliges Event", verrät sie. Wie die Idee entstanden ist? „Ich wollte meine Enkel vom Sommersbergsee abholen, aber sie kamen trotz Rufens einfach nicht aus dem Wasser. Ich hatte aber einen Mords-Stress, weil ich wieder ins Geschäft zurückmusste. Neben mir am Ufer bei der Jausenstation saßen ein paar Männer und spotteten, ich solle sie doch holen." Irgendwann sprang sie dann kurzerhand mit Dirndl und allem drum und dran und lautstark ermuntert von jauchzenden Ausrufen der Zuschauer am Ufer ins Wasser.

Nasser Hype. Der Dirndlflugtag von Helga Brandauer-Rastl findet in ganz Österreich Freunde und Nachahmer.

Helga Brandauer-Rastl steigt über die Holztreppen des Geschäfts in den ersten Stock hinauf. Am Stiegenaufgang zeigt sie auf drei Fotos an der Wand. „Als ich damals ins Wasser gesprungen bin, da war zufällig ein Fotograf dort, der ein paar Mal abgedrückt hat." Die Bilder gingen durch die lokalen Medien. So war ein Event geboren und der Hype schlug hohe Wellen. Vielerorts – mittlerweile in ganz Österreich – findet der nasse Spaß im Dirndl Anhänger. Bekannt sind vor allem die Dirndlflugtage bei Gössl und die Air Challenge am Wolfgangsee. Das Original findet aber weiterhin im Ausseerland statt. „Weil das Dirndlspringen so viel Anklang gefunden hat, machen wir weiter. Wir entscheiden uns von Jahr zu Jahr, wenn's einmal nicht mehr ankommt, dann lassen wir es einfach", sagt die Frau der ersten Flug-Stunde. Mittlerweile gibt es übrigens ein eisiges Pendant zum kühlen Nass in Tracht: Eislaufen im Dirndl. Erfunden haben's natürlich die Rastls.

Im ersten Stock öffnet die Ausseerin die hölzerne Tür zum Ausstellungsraum: Hier finden Heiratswillige alles, was das Herz begehrt: weiße Dirndln, farbige Dirndln, Bürgerkleider, Ringkissen, Schuhe und die

Ideenreich. Helga Brandauer-Rastl ist die Frau der ersten Dirndlflugtag-Stunde. Mit dem Trachtenunternehmen „Rastl. Mein Glück" kreierte sie außerdem ein Nachthemd im Dirndl-Format.

Beratung der Trachtenfamilie. „Ich hab auch im Dirndl geheiratet", lächelt die Hausherrin und setzt sich an den Tisch. Sie selbst hat natürlich jede Menge „Steirer Kittl" im Schrank hängen. Für jeden Tag einen, verrät sie. „Vorausgesetzt alle würden noch passen. Derzeit hab ich vielleicht 60 Stück in Verwendung", lacht Helga Brandauer-Rastl. Sie kam beruflich übrigens eher zufällig zum Dirndl. Privat trug sie das Gewand zwar von Kindesbeinen an, arbeitstechnisch verschlug es sie aber vorerst in die Drogerie. Erst als der Ausseer Handdrucker Helmut Wöll sein Unternehmen im Ort aufgelassen hatte, der Farb- und Drogeriehandel der Familie die Restposten übernahm und eine angestellte Schneiderin die Stoffbahnen zu Dirndln verarbeitete, tauschte sie den weißen Mantel gegen ihr erstes Arbeitsdirndl – und „Rastl. Mein Glück", wie sich das Unternehmen nennt, erlebte seine Geburtsstunde.

Mittlerweile arbeiten im Haus 13 Verkäuferinnen und sieben Schneiderinnen. Tochter Ulli führt das Unternehmen gemeinsam mit ihrer Mutter. Und auch die Enkelin scheint in die Fußstapfen ihrer Familie zu treten: Sie besucht die Modeschule in Hallein. Praktische Vorbilder hat sie im Haus wohl genug: Im ersten Stock fertigen die Mitarbeiterinnen aus heimischen Stoffen in der hauseigenen Schneiderei Maß-Dirndln und Prototypen für die Serienproduktion an.

„Dirndl, das ist schon eine Lebenseinstellung", tut Helga Brandauer-Rastl kund. Beim Tragen ihrer Tracht lassen sich die Ausseer nicht einschränken: „Für die Region gibt es zwar das bekannte dunkelgrüne, lila und rosarote Ausseer Dirndl, das in ganz Österreich und international Bekanntheit fand. Einheimische selbst tragen es aber wenig: Hier gibt es zigtausende verschiedene Ausseer Dirndln, in verschiedenen Stoffen, Mustern und Farben. Sogar die Rocklängen variieren. „Denn", sagt Helga Brandauer-Rastl, „das Dirndl ist keine Religion bei uns. Deshalb wird es auch angezogen. Erlaubt ist alles – nur stilvoll muss es sein."

Dirndl trifft Avantgarde – Susanne Bisovsky, Wien

Susanne Bisovskys Liebe zum Dirndl ist gespalten. Als Studentin der Angewandten, wo sie bei Designergrößen wie Jean-Charles de Castelbajac, Vivienne Westwood und Helmut Lang in der Modeklasse war, trug sie das Dirndlkleid in Kombination mit der Jogginghose. Weil sie es irgendwie lustig fand. Das Dirndl, wie man es kennt, war für Susanne Bisovsky nie ein funktionierendes Ganzes. Insbesondere die Bluse störte sie. Dieses anfangs subjektive Gefühl wechselte nach einer intensiveren Beschäftigung mit dem Kleidungsstück in eine objektive Erklärung. Die Modedesignerin erfuhr, dass das Dirndl, wie es heute getragen werde, ein Relikt aus der NS-Zeit sei. Die Bluse hat die „Trachtenerneuerin" Gertraud Pesendorfer unter das Dirndl gesteckt, damit es pflegeleichter wird. „Für mich war die Bluse immer ein Fremdkörper. Ich habe nicht verstanden, wie man ein farblich ausgeglichenes Kleidungsstück schafft und eine weiße Bluse darunter verpackt." Das kritische Nachdenken über das, was man gemeinhin so trägt, hat im Leben der Designerin seither einen noch höheren Stellenwert. Gerade bei jenen, die aus Tradition Tracht tragen, würde sie sich mehr Reflexion wünschen.

Susanne Bisovsky. Sie trug als Designstudentin das Dirndl in gewagten Kombinationen, etwa zur Jogginghose. Bisovsky befreite bei ihren späteren Kreationen das Dirndl von der Bluse und machte es auch für jene Frauen attraktiv, die bislang mit dem Dirndl nichts am Hut hatten.

Vor der Beschäftigung mit der Geschichte des Gewandes war Susanne Bisovskys Zugang zum Dirndl ein unvoreingenommener. Während des Studiums wählte sie die Tracht, weil es für sie die „spannendste Bekleidungsform" war. Damals, in den 1990er-Jahren, als die sogenannte „Landhausmode" auf einem ästhetischen Tiefpunkt angelangt war, begann sie, die Tracht neu zu interpretieren und kramte dazu ihre eigenen Erinnerungen an das Dirndl aus der Kindheit hervor. Sie war es, die die

Tracht in einen neuen Kontext gestellt hat und damit auch den Weg für den neuen Dirndlboom ebnete. Bisovsky befreite zunächst das Kleid von Bluse und Schürze und schuf mit ihren Kreationen einen Look auch für jene, die mit Trachten und speziell mit Dirndlkleidern bislang nichts am Hut hatten. Den Landhausstil fand sie stets bedrückend, inklusive „Plastikdirndln mit billigen Stickereien und in Minilänge, Skianzügen im Trachtenlook oder auf Unterwäsche gedruckte Edelweiß. Das hat mehr mit Fasching zu tun", meint sie.

Mittlerweile hat der neue Dirndlboom viele andere Designerinnen und Designer zu ihren eigenen Dirndlvariationen und „Originaldirndln" inspiriert, dieser Boom hat auch die Textilindustrie wieder angekurbelt. Für Bisovsky jedoch ist der Hype zu groß geworden. Irgendwie erinnere alles an den Landhausmode-Boom und dessen kommerziellen Endpunkt. Und daran, wie sie das Ende dieser Modebewegung erlebt hat: „Damals konnte man sich einfach nicht mehr mit Trachten beschäftigen. Ich fürchte, nun stehen wir wieder an so einem Abgrund." Auch heute drängt sich bei ihr den Eindruck auf, das Dirndl sei zu einem „legitimen Faschingskostüm" verkommen, für das über das ganze Jahr Anlässe gefunden werden, um es zu tragen – wie der Jägerball, der Almdudlerball oder andere Events. Entgegen der landläufigen Meinung findet Bisovsky übrigens nicht, dass jeder Frau ein Dirndl stehe.

In ihren aktuellen Kollektionen ist das Dirndl nicht zu finden. Susanne Bisovsky entwirft jedoch für die Marke „Sportalm" Dirndlkleider, und das mit Freude. Das Unternehmen gebe ihr freie Hand und lasse sie ihre Ideen auf höchster kreativer Ebene frei entwickeln. „Dass es sich dabei um eine Ikone wie das Dirndl handelt, hat für mich eine untergeordnete Komponente", erklärt die Designerin. Es gehe darum, ein Kleidungsstück zu erschaffen, das sie interessant finde, ob mit oder ohne Schürze sei letztlich egal. „Ich finde es spannend, das Thema auszureizen und ästhetisch herauszukitzeln, was möglich ist." Oder es im urbanen Bereich so umzusetzen, dass die Leute es tragen. „Mit ironischem Touch oder einem Strickensemble mit rot-grüner Streifenbordüre", schmunzelt Bisovsky.

Avantgarde. Bei ihren Dirndl-Kollektionen hat die Vivienne-Westwood-Schülerin Bisovsky einen sehr avantgardistischen Weg eingeschlagen. In ihren eigenen aktuellen Kollektionen ist das Dirndl nicht mehr zu finden.

Tracht trifft Persönlichkeit

Leinenkleid. „Mothwurf"-Chefin Stefanie Schramke hat in den 1990er-Jahren das Dirndl von der Schürze befreit und das klassische „Mothwurf"-Leinenkleid geschaffen. Es war für die damalige Trachten-Hochphase stilprägend.

Dirndl trifft Interpretation – Stefanie und Helmut Schramke, Mothwurf, Graz

So richtig einfach hatte es das Dirndl im Hause „Mothwurf" nicht. Bis 1988 war „Mothwurf" ein Grazer Traditionsgeschäft, in dem Trachtenstoffe verkauft und Dirndln genäht wurden. Dann entschloss sich der Sohn der Unternehmerin, gemeinsam mit seiner Gattin neu durchzustarten. Traditionelles sollte unter Helmut und Stefanie Schramke neu interpretiert werden. Das Unternehmerpaar begann mit einer Leinenkollektion und begeisterte damit die Modewelt. Das Dirndl wurde adaptiert – die Schürze verschwand, es entstand das „Mothwurf"-Kleid und damit erfolgte auch der Startschuss für den Leinenboom der 1990er-Jahre. Für ihre Kreation erhielt Stefanie Schramke 1995 sogar den ersten Preis des internationalen Leinenverbandes.

In den „Mothwurf"-Kollektionen ist das klassische Dirndl nur mehr selten zu finden. Dennoch spielt es immer eine Rolle in der Designarbeit des Unternehmens, bei der neben Stefanie Schramke mittlerweile auch die Tochter Anna-Katharina mitmischt. Von der Schürze hat sich Stefanie Schramke übrigens nicht ungern verabschiedet. Irgendwie zu unpraktisch, findet sie. Für sie ist das Dirndl heute Modesache. Bei der man nicht zwingend mitmachen muss – oder sich die Freiheit nehmen kann, es neu zu interpretieren. Details davon wurden etwa beim „Mothwurf"-Rock, einem fixen Bestandteil der aktuellen Kollektionen, übernommen, ein in Falten gelegter Rock mit Petticoat, der an die 1950er-Jahre erinnert und zu dem sich Stefanie Schramke in Paris inspirieren ließ. Er findet Anklang bei Trachtenhändlern genauso wie bei Modeeinkäufern. Und insbesondere bei jenen Kundinnen, die kein Dirndl tragen wollen. Der Rock in Kombination mit einem Mieder ist quasi Dirndlersatz.

Jahrelang arbeitete man bei „Mothwurf" nur mit Leinen. Für Stefanie Schramke ist es neben Loden der ursprüngliche Stoff der Region, weil auch das Ausgangsmaterial hier angebaut wird – im Gegensatz zu Baumwolle. Leinen ist für das Unternehmen auch heute noch ein wichtiger Werkstoff, wenn er sich auch grundlegend geändert hat. Leichter,

Familie Schramke. „Mothwurf" ist der Name des Modelabels, dahinter stehen Helmut und Stefanie Schramke mit ihren Kindern Anna-Katharina, Mathis Christian und Dominik. Der Hund hört auf den Namen Ronny.

praktischer, mit Stretch-Anteil, und damit angenehmer zu tragen und schmeichelnd für die Figur. Während das „Mothwurf"-Kleid aus den 1990ern üppig in seiner Aufmachung war, mit viel Stoff, aber letztlich durch ausgeglichene Proportionen wieder harmonisch, ist man bei den Kleidern jetzt bei einer schlanken Linie angekommen. Das Etui-Kleid

beispielsweise ist aus den „Mothwurf"-Kollektionen nicht mehr wegzudenken. Mit dem Dirndl hat es freilich nichts gemein. Heimatverbunden zeigt sich das Unternehmen hingegen bei der Wahl der Farben. Nur dass aus der klassischen grün-grauen steirischen Farbkombination bei „Mothwurf" grün-schwarz, das Markenzeichen des Unternehmens, wurde. Die in den Kollektionen verwendeten Knöpfe sind fast ausschließlich aus Naturmaterial, die Stoffe kommen aus Österreich, Italien, ein paar aus Frankreich, der Schweiz und Deutschland. Die Kleidungsstücke werden nahe der Grenze zu Österreich produziert.

Die Tracht hat bei „Mothwurf" immer Konjunktur. Lediglich nach dem Ende des überkitschten Landhausmoden-Stils Ende 2000, dem „Leder-Leinen-Crash", wie es Stefanie Schramke nennt, zeigte sich auch bei „Mothwurf"-Kunden eine gewisse Müdigkeit in puncto Trachtenkleidung. Etwa zehn Jahre betrug die Phase der Konsolidierung, erzählt Helmut Schramke, jene Zeit, wo eine neue Besinnung auf Trachten stattfand. Heute wollen junge Menschen mit Dirndl und Lederhose ihre Wurzeln zeigen, ihre Heimat. Das ist schön, findet das Ehepaar Schramke, auch wenn „Heimat" noch immer ein bisschen negativ behaftet ist. Der „Kitschdirndl"-Trend werde noch länger anhalten, vermuten die beiden: Oktoberfeste und ähnliche Veranstaltungen auf der ganzen Welt seien ein Riesengeschäft, das den Trend länger am Kochen halten könnte. Aber nicht nur, was den Absatz von billigen Polyester-Dirndln betrifft. Sondern auch große Marken wie „Boss" oder „Escada" wittern ein Zusatzgeschäft und nehmen das Dirndl in ihre Kollektionen auf.
Das Ehepaar Schramke beobachtet diesen Trend amüsiert. Insgeheim machen sie sich vermutlich schon Gedanken über die „Zeit nach dem Dirndl-Trend". Nicht ganz ohne Grund: „Wir werden immer öfter gefragt, ob wir ein Ersatzkleidungsstück haben, falls der Dirndlboom doch zu Ende geht", erzählt Helmut Schramke. Sein Credo: Jeder in der Branche muss seine Hausaufgaben machen. „Machen wir es gut, wird sich die Branche entsprechend weiterentwickeln." Stefanie Schramke ergänzt: „Man sagt ja immer: Ist die Mode schwach, ist die Tracht stark."

Erneuerung. Das Dirndl stand auch Pate für den „Mothwurf"-Rock. In Kombination mit einem Miederoberteil ist er so etwas wie ein Dirndlersatz.

Dirndl trifft Hochzeit

Ein Dirndl für das große Fest

Bei einer Trachtenhochzeit stehen der Braut kleidungstechnisch viele Möglichkeiten offen: von der traditionellen, regionstypischen Festtracht bis hin zum selbst zusammengestellten Dirndl aus Seide oder anderen festlichen Stoffen, meistens in Weiß oder anderen hellen Farben. Außerdem hat beinahe jedes Bundesland sein eigenes Hochzeitsdirndl kreiert oder nach alten Vorbildern erneuert. So schreiten die oberösterreichischen Bräute oft in einem Seidendirndl mit langen Ärmeln, einem großzügigen Ausschnitt mit Rüschenverzierung und einem bestickten Brusttuch aus demselben Taft wie die Schürze vor den Altar. Gemeinsam mit den steirischen und Salzburger Bräuten kleiden sich die oberösterreichischen Bräute am großen Tag auch gerne im Anna-Plochl-Hochzeitsdirndl.

Die typische Salzburger Stadt-Braut trägt aber ein dunkelrotes Seidentaft-Dirndl mit zartrosa Seidenschürze. An den Trägern sind kleine Maschen gebunden, der Rock ist in kleine Fältchen gelegt oder gezogen. Dazu wird ein Spenzer kombiniert.
Eine hellere Variante der Salzburger Hochzeitstracht ist ein Leibchen aus blassgrünem Seidenbrokat und einem mit Goldborten benähten Latz. Hals- und Armausschnitte sind mit dem Stoff des Rockes, nämlich mit mittelgrüner Seide eingefasst. Der Rücken ist mit schmalen Goldborten verziert. Die

Schürze besteht aus cremefarbenem Tüll mit kirschrotem Taftband. Beliebt ist auch die Variante mit einem grünen Wollbrokat für den Leib, der an den Trägern und unter dem Ausschnitt bis zur Taille durch ein rotes Band betont und mit Silberschnur geschnürt wird.

Egal, für welche Variante sich die Dirndl-Braut entscheidet, sie hat gegenüber „klassischen" Bräuten entscheidende Vorteile.

Ein Dirndl kleidet dünn und dick, ein bisschen mehr auf den Rippen wirkt sich – im Gegensatz zum ärmellosen Korsagenkleidchen – keinesfalls negativ aus, ein üppiger Brustumfang ist sogar gewünscht. Großes Fasten vor dem großen Tag ist damit nicht unbedingt notwendig. Ein Dirndl bedeutet Lebensgefühl, Trachtenhochzeiten auch. Ausgelassener und entspannter lässt es sich – da werden Hochzeitsgäste, die beiderlei Kleiderordnung erlebt haben, zustimmen – in Tracht statt Anzug und Cocktailkleid allemal feiern.

Ein Dirndl passt immer – auch danach. Das Dirndl kann nach dem großen Tag mit wenig Aufwand alltagstauglich gestaltet werden. Seidenstoffe lassen sich oftmals gut einfärben. Noch einfacher ist es, einfach die Schürze zu tauschen – schon dann entsteht ein komplett anderes Kleid. Wer mehr Veränderung möchte, näht einen andersfarbigen Rock oder Leib an das Dirndl.

Ein Dirndl verkleidet nicht. Wer Dirndl liebt, trägt Dirndl nicht nur zur Hochzeit. Man kennt das Gefühl, wie es ist, in Tracht zu stecken – während klassische Brautkleider nicht nur schwer, sondern auch eng geschnürt sind und die Braut, die vielleicht zum ersten Mal in einer noblen Robe steckt, verkleidet wirken lassen.

Auch im Dirndl kann man Prinzessin sein. Wer von der Hochzeit in Weiß träumt, einen langen Schleier, Schleppe und Krönchen liebt, der hat kein Argument gegen das Dirndl. All das ist kein Gegenpol zur Tracht – im Gegenteil: Geschickt und mutig kombiniert können Dirndl und klassische Accessoires zum perfekten Hingucker werden.

Vorbildlich. Nach der Postmeisterstochter und Ehefrau von Erzherzog Johann benannt, ist das Anna-Plochl-Hochzeitsdirndl besonders bei Bräuten in Oberösterreich, Salzburg und der Steiermark hoch im Kurs.

Kleines Trachten-Hochzeits-Einmaleins

Viele Bräute geben im bodenlangen Kleid das Ja-Wort. Man sagt, diese Länge ist bei der Hochzeitszeremonie und -feier der Braut vorbehalten. Die anderen Gäste wählen ihre Kleider nur knöchellang. Nach dem Hochzeitstag kann das Dirndl dann auf eine praktischere Länge gekürzt, die Schürze in eine dunklere Farbe getauscht und das Brautdirndl noch bei vielen weiteren Gelegenheiten getragen werden.

Die Farben Weiß, Creme oder Beige sind für die Gäste – wie auch auf klassischen Hochzeiten – tabu: Die hellen Farben gehören an dem Tag nur der Braut. Lehnt man bei modernen Hochzeiten schwarze Kleidung – weil die Farbe der Trauer – ab, gestaltet sich die Farbwahl bei Trachtenhochzeiten einfacher. Ein schwarzes Dirndl darf durchaus getragen werden, es wird ohnehin durch die weiße Bluse und eine festlich-bunte Schürze aufgelockert.

Und: Nimmt die Braut es in manchen Regionen ganz streng, betritt sie die Kirche mit linksgebundener Schürze und verlässt sie als verheiratete Frau mit rechtsgebundenen Bändern. Ähnlich die Stellung der Braut neben ihrem Bräutigam: Nach der Kirche schreitet die Frau nur mehr an der rechten Seite ihres Mannes. Denn: Die rechte ist die besitzergreifende Seite, mit ihr wird signalisiert: „Ich bin nicht mehr zu haben."

Ein weiterer Brauch, der aber nicht nur für Trachten-Bräute gilt: Etwas Blaues bei sich zu tragen, soll Glück bringen. Darum sticken die Schneiderinnen beim Hochzeits-Dirndl gerne einen blauen Kreuzstich auf die Hinterseite der Schürze. Außerdem zieht die Braut dem Brauchtum nach an ihrem Hochzeitstag ein Kleidungsstück verkehrt an. Warum? Damit der Teufel nicht weiß, wo vorne und hinten ist und verwirrt das Weite sucht. Aus diesem Grund stehen der Braut übrigens auch Brautjungfern zur Seite: Sie sollen den Teufel von der Braut ablenken, und sich schützend vor sie stellen. Holt er sich trotzdem ein Erden-Wesen, so sind es dann die Jungfern, die Braut kann ihren Ehrentag genießen und den Bund der Ehe schließen.

Auch künftige Ehemänner sollten in den Nächten vor der Hochzeit Acht geben. Die traditionsbewusste Braut hat es hier nämlich auf seine Haarpracht abgesehen. Die Tradition will, dass die Braut an ihrem

Verliebt, verlobt, verheiratet. Es muss nicht immer das traditionelle Dirndl sein. Das Korsagen-Dirndl in Weiß mit weißer Schürze ist das perfekte Zwischending.

„Dankes-Karte". Mit einem selbst gestickten Band für den Hochzeitslader-Stock bedankt sich das Brautpaar für die Unterstützung.

Unten: **Weddingplanner.** Im Vorjahr knackte Hochzeitslader Franz Pfaffinger die 500er-Marke an Hochzeiten, bei denen er mit Rat und Tat zur Seite stand.

Kleid immer einen Teil des Bräutigams mitträgt. Um dem genüge zu tun, schneidet die Frau ihrem Liebsten gerne ein Haarbüschel ab und lässt es in den Dirndlausschnitt einnähen.

Eine fast vergessene Hochzeitstradition kommt aus Kärnten und Vorarlberg. Gemeinsam mit der Hochzeitstracht wird in den beiden Bundesländern nur mehr noch ganz selten der sogenannte Brautgürtel getragen. Das Tragen des aus Silber, Gold oder Messing gearbeiteten und reich verzierten Gürtels bedeutet den Eintritt in eine neue Würde, nämlich in die der verheirateten Frau. Er symbolisiert – wie ein Brautschleier – Kraft, Reinheit und Keuschheit. Das Anlegen dieser Beigaben war deshalb Mädchen mit vorehelichen Erfahrungen oder unehelichen Kindern untersagt. Der Gürtel befand sich meist in Gemeinschaftsbesitz einer Familie oder Sippe und wurde der Braut ausgeliehen oder weitergegeben. Das Ablegen des Gürtels am Ende des Festes steht sinnbildhaft für das Ende der Jungfräulichkeit.

Liebe zum Brauchtum – Hochzeitslader

Die Freude an der Arbeit, die Ehre, die zuteilwird, und die Liebe zum Brauchtum: Das ist es, was den Hochzeitslader antreibt. Er ist quasi der Vorfahre der modernen Weddingplanner, aber eben ehrenamtlich. In großen Teilen Österreichs ist die Tradition ausgestorben, nur in Salzburg und Oberösterreich sind insgesamt 120 der ehrenamtlichen Herren heute noch zu finden. Ihr Wirkungskreis: vor allem Hochzeiten am Land – und wieder mehr bei traditionellen Trachtenhochzeiten. „Die Tracht, die kommt auch bei Hochzeiten wieder", bestätigt Hochzeitslader Franz Pfaffinger, Referent seiner Zunft für das Salzburger Außergebirg.

Die Tradition des Hochzeitsladers reicht bis ins 17. Jahrhundert zurück und wurde natürlich in die heutige Form adaptiert. Früher – in Zeiten, in denen es noch keine Post gab – zählte zu den Hauptaufgaben der Männer auch noch tatsächlich das „Laden". Bei Wind und Wetter marschierten die Organisatoren von Haus zu Haus, erteilten mit eigenen Sprüchlein mündliche Einladungen und präsentierten dem Brautpaar

nach getaner Arbeit eine fertige Gästeliste. Zu ihren Pflichten zählte damals sogar – und in diese Zeiten wird sich so manch künftiger Bräutigam in der Nervosität vor dem Antrag zurückwünschen – die Braut um ihr Ja-Wort zu bitten. Hochzeiten fanden bis vor 50 Jahren übrigens ausschließlich an Wochentagen statt. „Für Samstag und Sonntag hätte man keinen Pfarrer gefunden", sagt Pfaffinger: „Weil dann am Sonntag niemand mehr in die reguläre Messe gegangen wäre." Auch die Fasten- und die Adventszeit waren als tanzfreie Zeiten für Hochzeiten tabu. Im Sommer wurde gearbeitet, da fanden die Brautpaare keine Zeit für das Ja-Wort. So wurde die bunte Faschingszeit für Hochzeiten bevorzugt.

Heute blickt der Hochzeitslader ruhigeren Zeiten entgegen, wenn auch trotzdem genug auf seiner Aufgabenliste steht: Er hilft bei den Vorbereitungen, weiß, was benötigt wird und begleitet das Brautpaar durch seinen gesamten Hochzeitstag – von der Kirche bis zum letzten Tanz zu Mitternacht. Er geleitet durch den Ablauf, führt Gäste aus anderen Regionen in die Bräuche der Gemeinde ein, stellt den Hochzeitszug auf und kümmert sich um die richtige Tischeinteilung und Ordnung im Gasthaus. Er ist zur Stelle, wenn Unklarheiten entstehen, kündigt Programmpunkte an und koordiniert das Brautstehlen.

Als Dank für seine Unterstützung schenkt das Brautpaar dem Hochzeitslader ein mit den Initialen der beiden besticktes Stoffband, das an den Hochzeitsladerstock gebunden wird. Diesen sollte er übrigens nie aus den Augen lassen: Wird er gestohlen, muss er ihn auslösen.

Prinzessinnenhaft. Eine Hochzeit in Tracht steht jener im klassischen Brautkleid in nichts nach.

Dirndl trifft Hochzeit

Dirndl trifft Film

Wie wäre es um den österreichischen Heimatfilm ohne das Dirndl bestellt? Was, wenn Waltraut Haas im „Weißen Rössl" ein Businesskostüm getragen hätte oder Julie Andrews in „The Sound of Music" mit einer sportlichen Hose über die Almen gelaufen wäre? Oder wie hätte man die unüberbrückbare Kluft zwischen Land und Stadt im „Förster vom Silberwald" dargestellt, hätte man das Dirndl nicht gehabt?

Das Dirndl und die Heimattreue

In den Filmen der 1930er-Jahre diente das Dirndl als Propagandamittel, das die politische Verbrüderung mit Deutschland symbolisierte. Filme aus Österreich mit Schauspielerinnen in eng taillierten und tief dekolletierten Dirndln sollten der Welt zeigen, wie reich das Land an Traditionen war.

Auch in der Zeit des Nationalsozialismus setzte man auf die Symbolkraft des Dirndls. So kämpfte im Jahr 1940 die Schauspielerin Heidemarie Hatheyer als unangepasste Hauptdarstellerin in „Die Geierwally" ihren Kampf gegen Konventionen, einen tyrannischen Vater, gegen Neid und Missgunst, für Selbstbestimmung und natürlich für die Liebe – mit Zopf und im Dirndl. Das reale Vorbild für die Rolle der Geierwally, Anna Stainer-Knittel, studierte schon Mitte des 19. Jahrhunderts an der Münchner Kunstakademie, ihr Bild der starken Frau faszinierte die Filmemacher der staatlichen NS-Propaganda.

Das Dirndl als Traditionsgewand und Symbol der guten, bodenständigen und heimattreuen Gesinnung zieht sich durch viele Heimatfilme ab den 1950er-Jahren. Der Heimatfilm schlechthin, der 1954 entstandene „Förster vom Silberwald" (Original: „Echo der Berge"), zeigt dies besonders drastisch: Die Hauptdarstellerin kommt kurzzeitig vom „rechten Weg" ab und umgibt sich mit moderner Kunst und Musik. Sie trägt dabei ein modisches Kleid. Später, als sie sozusagen geläutert in

Sound of Music. Musical-Star Uwe Kröger und die Schauspielerin Wietske van Tongeren verkörpern im Musical „Sound of Music" am Salzburger Landestheater Georg und Maria von Trapp.

Harmonie. Nach dem Zweiten Weltkrieg war in der Bevölkerung der Wunsch nach Harmonie besonders groß. Eine Fluchtmöglichkeit boten die Heimatfilme der 1950er-Jahre. Die Sehnsuchtsorte waren stets auf dem Land, das Dirndl galt als Symbol für Heimat und Naturverbundenheit.

die Heimat und zu den ländlichen Werten zurückkehrt, ist sie wieder im Dirndl gekleidet. Doch der Film zeigt nicht nur die klischeehafte Rückkehr zur Tradition, mit seinen Landschaftsbildern war er zudem ein wichtiges Werbeinstrument für das Urlaubsland Österreich und die steirische Jagdgesellschaft. Anita Gutwell, die Hauptdarstellerin, trug das Dirndl in vielen weiteren Heimatfilmen, etwa in der Fortsetzung „Försterliesel". Im 1956 gedrehten Spielfilm „The Sound of Music" verstärkt das Dirndl das klassische Rollenbild: Die Trägerin Maria von Trapp nimmt ihre Mutter- und Ehefrauenrolle in verantwortungsvoller Weise wahr.

Die 1950er-Jahre waren geprägt von der Suche nach Unterhaltung und Ablenkung von den Wirren der Kriegsjahre. Ein Drittel aller Heimatfilme hatte die Liebe zum Thema, freilich mit Ausblick auf eine spätere Ehe. Während mit den Städten Kriegstreiberei, Zerstörung und Hunger in Verbindung gebracht wurden, stand die Provinz für die unzerstörte Heimat, für Ruhe und Menschlichkeit. Dirndl und Lederhose symbolisierten dabei die einfach zu begreifenden Werte der Naturverbundenheit, der Freude an der Jagd, der Vorliebe für traditionelle Musik, die Ablehnung moderner Kunst und die „richtige" Gesinnung.

Franz Antel fand in der Wachau, im Dirndl und in den Zwillingspaaren Alice und Ellen Kessler und Isa und Jutta Günther die richtigen Partnerinnen für seinen 1957 erschienenen Film „Vier Mädels aus der Wachau". Das Verwirrspiel um die beiden Zwillingspaare – die aus touristischen Gründen als Vierlinge vermarktet wurden –, deren Lebensgeschichte und die Vierfachhochzeit am Schluss brachten der Wachau nur ein Jahr später ein Plus von 100 Prozent bei den Nächtigungszahlen. Aus der Wachau sind auch die Filme „Mariandl" (1961) und „Mariandls Heimkehr" (1962) des Regisseurs Werner Jacobs mit Cornelia Froboess, Waltraut Haas, Rudolf Prack und Hans Moser in den Hauptrollen nicht wegzudenken. Auch in diesem Zweiteiler siegt das Land über die Stadt. Der Film endet letztlich mit der Rückkehr von Wien in die Wachau, dorthin, wo Glück, Dirndl und Goldhauben sind.

Das Glück ist im „Weißen Rössl"

Nein, auf das Dirndl konnte die Filmbranche nicht verzichten. Es war zu prädestiniert, um Österreichs schöne Landschaft mit den Attributen Heimat, Natur und Glück zu symbolisieren. Und das kam in der Welt an. Angeblich wollte in den Fünfzigerjahren ein Mister Arlington aus Denver, Colorado, einmal dorthin reisen, „wo das Glück vor der Tür steht". Diesen Wunsch hat er per Brief an das „White Horse Inn, Europe", geschickt. Der Brief kam tatsächlich beim „Weißen Rössl" am Wolfgangsee an. Möglicherweise wurde die Sehnsucht des Mister Arlington nach dem Glück durch die Operette „Das Weiße Rössl am Wolfgangsee" von Ralph Benatzky geweckt, die 1930 im Berliner Schauspielhaus uraufgeführt und unter anderem im Jahr 1960 mit Waltraut Haas und Peter Alexander verfilmt wurde. Die Rössl-Wirtin Grete Peter wurde mit der Verfilmung damals zur Galionsfigur des Salzkammergut-Fremdenverkehrs. Selbstverständlich im Dirndl.

🦌 Traumpaar. Waltraut Haas und Peter Alexander waren das Traumpaar des Salzkammerguts in der Verfilmung „Im Weißen Rössl". Die Schauspielerin trug das Dirndl darin sehr gern, auch wenn es obenherum etwas ausgestopft werden musste.

Waltraut Haas, die mit der Rösslwirtin bis zu deren Tod im Jänner 2012 eine Brieffreundschaft verband, lernte ihre Rolle der reschen Wirtin vor Ort am Wolfgangsee. Einige Tage vor Drehbeginn reiste die Schauspielerin an und folgte der Rösslwirtin auf Schritt und Tritt, um sich auf die Rolle vorzubereiten, erzählt die Enkelin und fünfte Rösslwirtin, Gudrun Trutmann-Peter. Waltraut Haas hatte allerdings nicht die üppige Figur, wie es sich der Regisseur für eine Wirtin vorgestellt hat. Sie musste dazu „obenherum etwas ausgestopft werden", erinnert sich die

Schauspielerin. Für sie ist das Dirndl heute noch etwas Besonderes, weil es nun einmal die Tracht des Landes sei und nie aus der Mode kommen werde. Auch abseits von ihrem Filmleben trug und trägt die Schauspielerin oft Dirndl, gefertigt stets von derselben Schneiderin. Es mache einfach flott, das Dirndl, meint Waltraut Haas.

Auch im berühmtesten Hotel des Salzkammerguts gehört das Dirndl Jahrzehnte nach den Dreharbeiten zum Alltag, erzählt die fünfte Rösslwirtin, viele Gäste kaufen sich ein Kleid als Erinnerungsstück. Nicht nur, dass das Dirndl für jede Frau tragbar sei, symbolisiere es ein Stück heile Welt. Und dafür stehe halt einmal das Salzkammergut.

Ab in die Lederhose

In den späten 1960er- und 1970er-Jahren schlüpfte das Dirndl abermals in eine Filmrolle – wenn auch in eine schlüpfrige. Im damaligen Sexfilm-Boom dienten Dirndl und Lederhose in Stücken wie „Beim Jodeln juckt die Lederhose", „Wo der Wildbach durch das Höschen rauscht", „Alpenglüh im Dirndlrock" oder „Ach jodel mir noch einen" dem Ausgezogenwerden. Diese Filmproduktionen waren Erotikfilme ohne inhaltlichen Tiefgang, in denen sexuelle Handlungen nur angedeutet wurden und die sich zwischen äußerlicher Sittsamkeit und überbordender Triebhaftigkeit bewegten. Es ging um ein naives Fangen des anderen Geschlechts auf der Alm, um verbotene Sexualität im Heustadl und um das Erobern beim „Fensterln".

Hinter diesen Filmen, freilich keine cineastischen Leckerbissen, standen auch prominente Namen. So ließ Franz Antel, Regisseur von „Der Bockerer", Ende der 1960er-Jahre seine „Susanne, die Wirtin von der Lahn" im Dirndl auf triebhafte Männer, Frauen und Paare los. In den Folgejahren sind vier weitere „Wirtinnen"-Filme entstanden – mit so vielversprechenden Titeln wie „Frau Wirtin hat auch eine Nichte", „Frau Wirtin hat auch einen Grafen", „Frau Wirtin bläst auch gern Trompete" oder „Frau Wirtin treibt es jetzt noch toller". Der Pilotfilm

Grete Peter, die „richtige" Rösslwirtin, verband mit der Schauspielerin Waltraut Haas bis zu ihrem Tod im Jänner 2012 eine Brieffreundschaft.

Dirndl trifft Film

„Susanne, die Wirtin von der Lahn" galt als einer der erfolgreichsten Filme des Jahres 1968. Franz Antel erhielt dafür im darauffolgenden Jahr sogar den deutschen Filmpreis, die „Goldene Leinwand", für drei Millionen Zuschauer in 18 Monaten.

Franz Marischka, der Neffe des „Sissi"-Regisseurs Ernst Marischka, setzte für seine filmischen Schlüpfrigkeiten mehr auf die Krachlederne. Bereits der bayerische Klerus erkannte Anfang des 20. Jahrhunderts, dass die Lederhose durchaus mit Sex in Verbindung gebracht werden könne, weshalb man sie zum Kirchgang verbieten wollte. Der Grund: Sie sei zu „leichtfertig, maskeradenhaft und lüstern". Marischka sprang in den 1970er-Jahren auf den Erotikzug auf und löste mit seinem Film „Liebesgrüße aus der Lederhose" den sogenannten „Lederhosenfilm"-Boom aus. Dieser umfasste insgesamt sieben Folgen, der letzte Film – „Liebesgrüße aus der Lederhose 7 – Kokosnüsse und Bananen" – ist 1992 entstanden. Der Überlieferung nach kam Marischka die Idee, nachdem er einen Artikel in der Münchner Tageszeitung „tz" über die angeblichen sexuellen Wünsche von Touristinnen an bayerische Wirte gelesen hatte.

Softpornofilme à la „Auf der Alm, da gibt's koa Sünd" waren keine Randerscheinung, im Gegenteil. In der Zeit der jungen TV-Sender ging es mit den Kinos abwärts, Filme wie diese waren eine Zeit lang ein Garant für Publikumszulauf. In diesem Genre arbeiteten zudem Schauspieler, die man heute keinesfalls damit in Verbindung bringen würde: etwa Konstantin Wecker, der 1973 im Film „Unterm Dirndl wird gejodelt" mitgespielt hat, die bayerische Kabarettistin Lisa Fitz sowie die Schauspieler Friedrich von Thun und Heiner Lauterbach, die im „Schulmädchen-Report" zu sehen waren.

Die Lederhosenfilme, die einerseits mit Selbstironie und andererseits mit den Klischees aus den Heimatfilmen spielten, wurden mit kleinen Budgets gedreht. Doch irgendwann verloren Berge, Alm und lustvolle Dirndln an Reiz. Das ohnehin zu kurze und stoffarme Filmdreh-Dirndlkleid verschwand in der Requisitenkiste. Eine kurze Renaissance erlebten Dirndln und Filme nach Einführung des Privatfernsehens in Deutschland, wo die Sexklamotten der 1960er- und 1970er-Jahre wieder kurzzeitig zum Kult wurden.

Dirndl- und Lederhosenfilme. Ein cineastischer Tiefpunkt waren die schlüpfrigen Lederhosenfilme der 1970er-Jahre. Das Dirndl verkam dort zur wenig geschmackvollen Requisite. Die Filme erreichten in einer Zeit, in der das Kino magere Zeiten durchlebte, dennoch Zuschauerrekorde.

Die Ironie und das Dirndl

In den 1980er-Jahren bekamen Dirndl und Lederhose eine neue Rolle, als Felix Mitterer in seiner „Piefke-Saga" die Koexistenz von österreichischen Gastgebern und deutschen Touristen auf die Schaufel nahm. Mit viel Ironie, aber auch einem Fünkchen Wahrheit: Auf der einen Seite die Mitarbeiter der Hotels und Tourismusbetriebe, stets gekleidet in Trachten oder den Trachten nachempfundener Kleidung, die den Gästen in kraftraubender Rundumversorgung ein intaktes, traditionsgebundenes Landleben vorspielten. Auf der anderen stand der Wunsch der Gäste, dieses wunderbare Urlaubsland wie ein Stück Heimat erleben und genießen zu können. Wer sich wie zum Beispiel das filmische Clan-Oberhaupt Karl-Friedrich Sattmann kein eigenes Häuschen im alpenländischen Stil leisten konnte, der wollte doch zumindest eine Tracht als Souvenir mit nach Hause nehmen.

Im ausgehenden 20. Jahrhundert ist das Dirndl im Film in einer gemäßigten Rolle angekommen. Noch immer steht es für Heimattreue, für alte Werte, aber auch für Sinnlichkeit – doch fern von Überladenheit und Übertreibung der Vergangenheit.

Tracht trifft Accessoires

Zeig mir, was du trägst, und ich sag dir, wer du bist: Die Auswahl an schmückenden Accessoires ist auch beim Dirndl beinahe unendlich und kann die Persönlichkeit und den Charakter unterstreichen. Kreative Köpfe wählen ausgefallene Schmuckstücke, Introvertierte unauffällige Exemplare und Traditionsbewusste greifen zum herkömmlichen Trachten-Accessoire, wie Tüchern und traditionellem Trachtenschmuck. Von klassisch, leger bis gewagt und modern – zum Dirndl trägt man heute (beinahe) alles.

Drunter und drüber

Außen hui und drunter pfui? Das gilt für Dirndlträgerinnen schon lange nicht mehr: Die Frau von heute achtet darauf, dass sowohl drunter als auch drüber alles gut aussieht. Vorbei sind die Zeiten der keuschen und zugegebenerweise praktikablen Baumwoll-Unterwäsche, die – weil für die Außenwelt eben nicht sichtbar – unter dem Dirndl getragen wurde. Erfinderisch und mutig zeigen sich die Trägerinnen im 21. Jahrhundert. Die Bekleidungsindustrie freut's: So gibt es eigene Dirndl-BHs im Alpen-Karo-Muster mit dazu kombinierbarem Höschen, in allen möglichen und auch unmöglichen Formen, und Unterwäsche mit romantischer Spitze – der BH extra tief geschnitten, damit er tiefe Blicke auf das Dekolleté nicht verdeckt. Auch BHs mit Edelweiß-Stickereien, Hirsch-Aufdrucken und Charivari-Ketten haben die Schreiberinnen dieser Zeilen schon entdeckt. Für genügend „Holz vor der Hütte"

Schnitt-Technik. Der Unterrock zum Dirndl ist wieder in Mode. Früher verpönt, lassen ihn Modebewusste heute unter dem Rock hervorblitzen.

sorgt – und das ist kein Geheimnis mehr – der beliebte Push-up-Effekt. Kleiner Tipp am Rande: Die Träger noch etwas kürzer gestellt, und der Ausschnitt sitzt perfekt. Trägerlose BHs oder Korsagen verfehlen da ihre Wirkung.

Und wer noch mehr an „Drunter" möchte, der kann übrigens zumeist auch das passende Strumpfband zur Unterwäsche erstehen. Auch Unterröcke und Pumphosen ziehen wieder in die Regale ein. Dieses Drumherum ist aber nicht jedermanns Sache: Deshalb pflegten Unterrock und lange Damen-Unterhosen, sogenannte Pump-Hosen, lange ein tristes Schattendasein. In den letzten Jahren hat sich vor allem Ersterer daraus erhoben und erlebt einen wahrhaftigen Boom. Zu Recht, sorgt doch gerade der Unterrock für einen traumhaft schwingenden Überrock und hält den Stoff als Stolperfalle beim Tanzen von den Beinen fern. Wer in früheren Zeiten den Unterrock unter dem Dirndl hervorblinzeln ließ, soll damit angedeutet haben, zu mehr bereit zu sein – heute ist der kesse Rock unterm Dirndl wohl nur mehr ein Accessoire für moderne Trägerinnen, die auch die Praktikabilität zu schätzen wissen: Wer mit einem bodenlangen Dirndl schon einmal den Gang aufs Parkett gewagt hat, wird froh darüber gewesen sein.

Der Unterrock wird im Sommer aus dünnem Leinen geschneidert, für den Winter aus dickeren Stoffen. So wärmt er sowohl an kühlen Sommerabenden als auch an kalten Wintertagen. Übrigens: Wer denkt, der Unterrock trägt auf, der irrt. „Das schlank machende Geheimnis liegt im richtigen Schnitt", sagt Trachtenexpertin Gexi Tostmann. Der Unterrock wird oben figurnah und erst ab dem Knie ausgestellt geschnitten. Wer ein Faible für Spitze hat, kann sich hier so richtig austoben. Ein Blick auf ein althergebrachtes Stück verrät: Hier kann es eigentlich nicht zu viel geben.

Mehr zum Jux – so sagt Designerin Tanja Pflaum – finden die Pump-Hosen wieder ihren Weg über den Ladentisch. Gekauft werden sie vor allem für Mottopartys oder Faschingsfeste – und haben damit ihr ursprüngliches Dasein verwirkt: Vor allem aus moralischen Gründen schlüpften die Frauen früher unter dem Kittl in die langen Unterhosen. Der Blick darunter, zum Beispiel beim Radfahren oder Spazierengehen bei heftigem Wind, wurde allzu genauen Beobachtern nicht gegönnt.

Tracht trifft Accessoires

Während die schützende Unterhose für die Frau keine wahren Freunde findet, sind wärmende Überwürfe, Strickwesten und Joppen im Kleiderschrank jeder Dirndl-Liebhaberin zu finden. Bunte, farbenfrohe Jacken werden nach traditionellen Trachtenbüchern aber nicht gern gesehen – die moderne Trachtenschneiderei nimmt sich die Forderung nicht zu Herzen: Immerhin haben Modebewusste diese schon vor 75 Jahren farbenfroh getragen – und zum Dirndl lassen sie sich toll kombinieren.

Ausblick. Warum Männer Dirndln lieben? Das richtige Drunter zaubert auch Drüber so richtig viel Holz vor die Hütte.

Unten: **Mut zum Hut.** Helene Reiterer-Schnöll beweist diesen nicht nur beim Tragen, sondern auch in ihren Kreationen.

Gut behütet

Nur mit Hut stehe das Dirndl richtig gut, sagen zumindest Liebhaberinnen der Kopfbedeckung. Die Realität sieht aber (noch) anders aus: Hüte sind bei Dirndlträgerinnen nur sehr selten anzutreffen. Ein zu verstaubtes Image lässt sie in den Schränken verweilen. Dabei waren die Kopfbedeckungen in früheren Zeiten tatsächlich ein unverzichtbarer Bestandteil jeder Bekleidung. Jede Tracht hatte ihren eigenen Hut. Heutzutage sind diese zum Dirndl vor allem noch bei traditionellen Anlässen und vorrangig als Goldhaube, Bürgerhüte oder als kunstvoll gebundenes, schwarzes Flügeltuch zu finden.
Sieht man ganz genau hin, erlebt der moderne Hut zum Dirndl aber – wenn auch zaghaft – seinen Aufschwung. Aufgepeppt mit bunten Farben, moderneren Formen und kessen Federn wird er wieder salonfähig. Mut gehört dazu!
Österreichische Hut-Pionierin der heutigen Zeit ist Helene Reiterer-Schnöll: im zivilen Beruf Anwältin, darüber hinaus Modistin aus Leidenschaft. Ihr Herz gehört der Kopfbedeckung. „Ich bin 150 Jahre zu spät geboren", sagt sie über sich selbst. Mit Witz und Kreativität kreiert die Advokatin mit ihrem Label „Gwand zum Stand" wahrlich keine „normalen" Hüte. Mit Hirschkrickerl, bunten Farben und gefärbten Federn am Kopf schickt sie ihre Kundinnen wohl behütet hinaus in die Welt.
Wer Hut nach der Etikette trägt, trägt seinen Aufputz übrigens auf der rechten Seite. Denn auch hier gilt: Die Frau geht an der rechten Seite ihres Mannes, würde sie den Schmuck am Hut links tragen, ginge dieser unter. Nur an ihrer freien Seite kommt er richtig zur Geltung.

Tracht trifft Accessoires

Hut steht gut. Die Kopfbedeckungen sind – wenn auch ganz zaghaft – wieder im Kommen. Derzeit beweisen Trägerinnen noch Extravaganz und Mut.

Nur geschenkt. Das Charivari hat sich emanzipiert. Das wilde Durcheinander an Anhängern an einer Kette ist nicht mehr nur der Lederhose vorbehalten, sondern wird durchaus auch zum Dirndl getragen. Die Tradition sagt, ein Charivari darf man nur geschenkt bekommen.

Ein wahres Durcheinander

Der Begriff „Charivari" leitet sich aus dem Lateinischen ab und bedeutet so viel wie Durcheinander und Verrücktheit. Und wahrlich ist die traditionell von Männern an der Lederhose getragene Kette ein ungeordnetes Sammelsurium von Edelsteinen, Geldstücken und Trophäen in Form von Tierpfoten, Zähnen, Stücken von Hirsch- oder Rehgeweihen. Die geschmückte Kette diente als Statussymbol und Glücksbringer für die Jagd. Es heißt, trägt man die Trophäen am eigenen Körper, eignet sich der Träger die Kraft und die Eigenschaften der erbeuteten Tiere an. Das Charivari durfte so wie das Bettelarmband nicht selbst gekauft werden. Um nicht gegen die Etikette zu verstoßen, mussten Träger die Kette geschenkt oder vererbt bekommen.

Heute haben sich die Damen auch hier emanzipiert und das Schmuckstück für sich entdeckt – ein wahrer Hingucker zum Dirndl, der zum Beispiel an den Knopflöchern des Leibs befestigt werden kann.
Die Länge eines traditionellen Charivaris für Männer ist übrigens genau bestimmt: Die Kettenlänge beträgt in der Regel 33 Zentimeter und ist aus Altsilber gefertigt. Jenes für die Damen ist meist aus filigraneren Erbsketten angefertigt und fällt kürzer aus. Auch fehlen hier zumeist die tierischen Trophäen, diese werden durch Metall- oder Silbergüsse ersetzt. Alte Charivaris haben oft einen Wert von mehr als 10 000 Euro.

Nicht nur geknotet

Flott um den Hals gebunden, traditionell geknotet oder durch eine Tuchspange gezogen, zieren Tücher das Dekolleté und den Hals der Dirndl-Frauen. In puncto Muster sind sie genauso vielfältig wie das Dirndl selbst, ob Hirscherl, Karo- oder Streumuster, handgedruckt oder maschinell gefertigt und dafür günstiger zu haben, jede Vorliebe wird bedient.
Trachtentücher sind meist quadratisch und werden je nach Dirndlmodell und Auszier in verschiedenen Varianten drapiert. So finden einfache Tücher ohne Fransen vor allem bei Dirndln mit üppigem Muster und Beiwerk eine Trägerin. Sie werden meist mit Tuschspangen am Rücken zusammengehalten. Tücher mit Fransen hingegen passen am besten zum einfachen Kleid.

Für Fuß-Fetischisten

„Loverli" heißt der Beinschmuck für die Dirndlträgerin und ist der neue Trend, quasi das Pendant zum „Loverl", der Wadenstulpe aus Wolle, die der Mann zur Ledernen trägt. Ein bisschen sieht es aus, als hätte ein Strumpfband seinen Platz verfehlt, und wahrlich ist die Ähnlichkeit unbestritten: Das „Loverli" ist aus elastischer Spitze oder Rüschen gearbeitet und so verschieden in Farbe, Form und Stil wie das Dirndl

Betucht. Tücher sind in puncto Muster so vielfältig wie das Dirndl auch.

Tracht trifft Accessoires

Partneranzeige. Es muss nicht immer das Schürzenband sein: Auch mit einem Loverli, links oder rechts getragen, zeigen die Dirndln, ob sie in festen Händen oder noch zu haben sind.

Rechts: Freiheit. Dirndlträgerinnen schlüpfen nicht mehr nur in Trachtenschuhe mit Blockabsatz, auch Ballerinas oder Pumps kleiden gut.

und seine Trägerin. Mutige tragen sie zu Ballerinas genauso wie zu High Heels oder sogar über dem klassischen Dirndlstrumpf.

Kleines Detail am Rande: Wie mit der Masche der Schürzenbänder verrät die Trägerin auch mit dem Loverli ihren Beziehungsstatus – rechts getragen symbolisiert „bereits vergeben". Wird das Rüschenband links platziert, ist man für die Männerwelt noch zu haben.

Als Highlight gibt es jedes Jahr pünktlich zum Münchner Dirndl-Spektakel das Wiesn-Loverli als Limited Edition. Davon werden nur hundert Stück hergestellt, bestehend aus Haute-Couture-Spitze, immer mit einem Münchner Motiv als Silberanhänger verziert. Präsentiert wird es genau hundert Tage vor Wiesn-Beginn.

Doch etwas komplizierter und nicht ganz so kess wird es bei der klassischen Fußbekleidung. Will man nicht gegen das „Trachtengesetz" verstoßen, so sind nur schwarze Schuhe zum Dirndl erlaubt, niedrige Blockabsätze sind gewünscht, nicht zu hoch, zu breit oder gar zu spitz. Kleine Silberschnallen sind geduldet – aber nur zur Festtagstracht. Zum Alltagsdirndl trägt man am besten Halb- oder Haferlschuhe. Woher der Name „Haferlschuh" kommt, darüber scheiden sich die Geister. Man erzählt sich, das Schuhwerk verdankt seinen Namen einem Engländer, der auf seinen Reisen in den österreichischen Bergen immer wieder auf die robuste Fußbekleidung stieß und einige Modelle als „half shoes" mit nach Hause nahm. Andere meinen wiederum, der Name kommt umgangssprachlich von der Tasse, dem Häferl eben. Ob Haferlschuh oder Blockabsatz, die Tragepraxis sieht nicht immer so einheitlich aus: Rote Pumps oder grüne Peep-Toes sind ebenso an den Füßen der Dirndln im Dirndl zu finden wie bunte Ballerinas oder Keilabsatz-Sandaletten.

Auch etwas weiter oben am Bein setzt sich das Trachten-Regelwerk fort: Selbst gehäkelt oder maschinell gefertigt, werden Trachtenstutzen mit verschiedenen Mustern sowohl zum Festtags- als auch zum Alltagsdirndl getragen. Die Farben variieren, wobei die Beinbekleidung aus weißem Garn und Lückerlmuster am verbreitetsten ist. Vor allem junge Frauen und Mädchen tragen weiße Strümpfe, Ältere wählen mehr die Beige-Töne. Hautfarbene Strumpfhosen und Strümpfe werden – geht man streng nach der Etikette – nicht gern gesehen.

Schmückendes Beiwerk

Die Geschichte des Schmucks an sich ist beinahe so alt wie die der Menschheit. Der Gedanke dabei ist seit jeher der gleiche: Schmuck soll die Schönheit der Trägerin hervorheben und das Ansehen eines für den Außenstehenden anonymen Menschen zeigen, eben den Träger aus der Masse holen und etwas mitteilen. So passt Schmuck nicht nur zur festlichen Abendrobe oder zum schicken Kleid, auch zum Dirndl wird jede Menge Politur getragen.

Unter dem Begriff „Trachtenschmuck" oder auch „Volks-" und „Bauernschmuck" sammeln sich viele Stücke: So sind es Ohrringe, Haarspangen, Uhren, Halsketten, Armbänder und Ringe, die sich in die Begrifflichkeit einreihen. Das Beiwerk zur Tracht ist meist floral, ornamental oder barock gestaltet, lässt sich aber zu anderen Schmuckstücken nicht ganz klar abgrenzen. Geklärt ist nicht, aus welchen Bestandteilen Trachtenschmuck eigentlich gefertigt sein darf. Die Edelmetalle Gold und Silber, aber auch Perlen sind weitgehend als hochwertige und traditionelle Materialien bekannt. Aber dürfen auch Stoffe und andere Textilien verwendet werden? Man weiß es nicht genau, es wurde nie genau und offiziell definiert, und das ist auch gut so. Trachtenschmuck unterliegt – wie andere Schmuckstücke auch – modischen Strömungen und wird mit wiederkehrenden Elementen und Gestaltungsmöglichkeiten gerne neu kreiert und interpretiert.

Die Kropfkette ist aber der Inbegriff des Trachtenschmucks in Österreich. Sie fand ihr Vorbild – so vermutet man – im 18. Jahrhundert im Flor und der Florschnalle, dem schwarzen und doppelt um den Hals geschlungenen Halstuch aus Italien, das mit einem Ring geschlossen wurde. Der Ring wurde später von einer prächtig verzierten Schnalle abgelöst. Vorgänger des Flors waren wiederum die Halskrausen und großen Krägen des Mittelalters.
Heute besteht die Kropfkette meist aus dünnen Erbs- oder Perlenketten in mehreren Gängen und einem aufwendig gefertigten Verschluss, dessen Breite sich nach der Anzahl der Ketten richtet. Weil die Schließe

Machtig trachtig. Trachtenschmuck zeigt sich meist in floralem, barockem oder ornamentalem Design.

das einzige Zierteil am Schmuckstück ist, wird sie vorne am Hals getragen. Bis zu 20 Gänge konnte die Kette zählen, was ihr auch den Beinamen „Goderspreizer" einbrachte. Ob die Kette aus Gold, Silber, Perlen oder unechten Materialien angefertigt wurde, richtete sich nach dem Reichtum und dem sozialen Stand der Schmuckträgerin. Nicht nur mit dem Material, auch mit der Anzahl der Ketten, also der Gänge, und der Verzierung der Schließe demonstrierten die Frauen Reichtum. Finanziell schlechter gestellte Familien entschieden sich für weniger schmucke Schließen mit weniger Gängen, oft aus billigeren Ersatzmaterialien wie farbigem Glas oder synthetischen Steinen.

Neben der Kropfkette wird Jagdschmuck aus Hirschhorn gerne zur Tracht getragen. Auch hier lässt sich eine jahrhundertelange Tradition rekonstruieren: Schon in der Steinzeit trugen die Menschen ihre Jagdtrophäen zur Zierde, auch im Glauben, dadurch die Kraft der Vierbeiner zu verinnerlichen. Später schmückten sich ärmere Leute damit aus der Not heraus, weil kein Geld für teuren Schmuck zur Verfügung stand. So schnitzten sie Knöpfe, Verschlüsse und Anhänger für Ketten aus Hirschgeweihen. Das Geweih, das Hirschhorn, ist ein Knochen und deshalb besonders stabil und gut zu verarbeiten. Heute sind Hirschhornschnitzereien angesehene, teure Schmuckstücke – nicht zuletzt aufgrund der feinen Handarbeit, die dahinter steckt.

Der steirische Hirschhornschnitzer Ernst Diethart ist im deutschsprachigen Raum einer der wenigen seiner Zunft. In seiner Werkstatt in Hohentauern verarbeitet er bis zu 90 Prozent eines Geweihs. Um fein und plastisch arbeiten zu können, verwenden Hirschhornschnitzer Präzisionswerkzeug wie etwa einen Zahnarztbohrer. War Hirschhorn früher nur ein Aufputz für den Mann, sind aus Kreativität und Nachfrage heraus nun auch zahlreiche schmucke Stücke für die Dirndlträgerin entstanden. So gibt es filigrane Ketten und Anhänger, Armreifen, Ringe und Ohrringe – in Edelweiß-, Herzchen-, Hirscherl- oder Kreuzform und mit Swarovski-Steinen verziert. Für Silber-Allergiker fertigt Diethart sogar reine Hirschhorn-Ketten oder Lederbänder mit Verschlüssen aus Hirschhorn an.

Schmuckstück. Kropfketten sind der Trachtenschmuck schlechthin. Früher erkannte man an der Anzahl der Ketten am Schmuckstück die Finanzkräftigkeit der Familien.

Tracht trifft Accessoires

Experten können an der Farbe des Geweihs übrigens den Lebensraum des Hirsches bestimmen. Das Braun des Geweihs bildet sich aus Harzen und Rinden, an denen sich die Tiere scheuern. Würden sie es nicht tun, wäre das Geweih weiß, eben wie ein Knochen. Dem Hirschhorn sagt man übrigens eine besondere Energie nach, gemahlen wird es auch in der chinesischen Medizin verwendet.

Gehörnt. Der Kreativität sind auch beim Hirschhornschmuck keine Grenzen gesetzt. Vorbei ist die Zeit, in der das Material ausschließlich für Knöpfe und Messergriffe verwendet wurde.

Gut verstaut

Ob aus Seiden- oder Leinenstoff, gestrickt oder gehäkelt – der Dirndlbeutel ist wohl das praktikabelste Accessoire. Passend zum Stoff der Schürze, des Leibs oder des Rocks angefertigt, vervollständigt er die Tracht und ist außerdem praktisch zum Verstauen kleiner Dinge, die unabdinglich in einer Frauenhandtasche Platz finden müssen. Wer mehr einzupacken hat, der greift zur größeren Tasche mit Tragegriffen aus Holz, Metall oder Schildpatt – oder einfach mit Riemen aus Stoff oder Leder. Auch hier gilt, der Fantasie sind keine Grenzen gesetzt. Ein Hinweis zum Schmunzeln ist in der Steirischen Trachtenmappe zu finden: Die Autoren derselben raten von der Kombination Dirndl und Plastiksackerl strikt ab.

Dirndl trifft Stoff

Menschen haben seit jeher das Bedürfnis, sich mit Wärmendem zu bedecken. Aus diesem Grund entstanden schon früh die Techniken des Spinnens und Webens. Farbe – die vergänglich war – bekamen die Stoffe erst im Altertum. Damals bestanden die Farben aus Ruß, aus pulverisierten Mineralien und aus farbigen Erden, die man auf das Tuch malte und die nur oberflächlich anhafteten. In späteren Jahrhunderten kamen kostbare Farben hinzu, die aber nur den Wohlhabenden vorbehalten waren, etwa Purpur, das aus der gleichnamigen Schnecke gewonnen wurde. Günstiger wurde das Färben mit Pflanzenfarben. Aus Färberkrapp oder Echter Färberröte gewann man beispielsweise die Farbe Rot, aus Färberwau oder Gelbkraut Gelb und aus Waid entstand Blau. Jede neue Farbe war damals eine Sensation und für diejenigen, die diese Pflanzen anbauten, war es ein gutes Geschäft. Beobachtet man die Trachtengeschichte über einen längeren Zeitraum, lässt sich ausmachen, wann wieder eine neue Farbe auf den Markt gekommen war.

Doch für die meisten Menschen waren Stoffe für Kleider lange Zeit unerschwinglich, da das Drucken und Färben einen enormen Aufwand erforderte und mit hohen Kosten verbunden war. Mit den ostindischen Handelskompanien änderte sich das, sie brachten die Indiennes, aus Indien kommende, bedruckte Stoffe, nach Europa. Diese lösten eine derart große Nachfrage aus, dass man sich in Paris, Berlin und London mit Einfuhrverboten zum Schutz der heimischen Wirtschaft behalf. Fortan wurden nicht mehr die Stoffe importiert, sondern lediglich die

Farbstoffe. Somit war es mehr Frauen als früher möglich, bunte Stoffe zu kaufen, die zudem waschbeständiger waren.

Mit Stoffen kommen neue Berufe

Mit der Stoffproduktion entstanden in Europa ein neues Gewerbe und neue Berufsgruppen. Die „Fergger" beispielsweise waren Mittelsmänner zwischen den damaligen Handelshäusern, die Wolle und Baumwolle lieferten, und den Heimarbeiterinnen und Heimarbeitern, die bis in die hintersten Täler gegen Lohn sponnen, webten und stickten. Fergger arbeiteten meist im Auftrag der Händler, später waren sie selbstständige Unternehmer mit eigenen Rossfuhrwerken und gelten als Vorgänger der heutigen Spediteure. In der Schweiz werden diese noch immer „Fergger" genannt. Die ersten Stoffdrucker waren vornehmlich Buchdrucker, die aus Glaubensgründen aus Frankreich geflohen waren und sich in Deutschland und der Schweiz niederließen. Stoffdruck war im 17. Jahrhundert ein aufwendiges Verfahren, da die einzelnen Prozesse sauber nach Zünften getrennt waren. Ein Haus blich die Stoffe, ein anderes färbte und ein drittes bedruckte sie. Erst ein Holländer führte 1678 die einzelnen Produktionsschritte unter einem Dach zusammen.

Bis zur Erfindung der Spinn- und Dampfmaschine war die Stoffherstellung ein handwerklicher Prozess, der beispielsweise im Jahr 1760 in einer Manufaktur in Schwechat rund 300 Handdrucker, einige Hundert Bleicher und Färber, 600 Weber und einige Tausend Handspinner beschäftigte. Im Lauf der Jahre wurden die Webstühle ausgefeilter, 1795 erfand der Franzose Joseph-Maria Jacquard den nach ihm benannten Buntwebstuhl, mit dem bildhafte Webmuster erzeugt werden konnten. 1828 gab es mit der Plattstickmaschine die Möglichkeit, händische Stickvorgänge maschinell durchzuführen. Spinn- und Webmaschinen konnten mit Wasserkraft betrieben werden, weshalb sich viele Betriebe in wasserreichen Talschaften ansiedelten. Die industrielle Stoffproduktion erreichte die alpenländischen Trachten Mitte des 19. Jahrhunderts.

Ein Stoff, der die Jahrhunderte überdauerte, war das Leinen. Der eher grobe Stoff wurde jedoch selten zu Dirndln geschneidert und bald von fabriksmäßig verarbeiteter und importierter Baumwolle verdrängt, dazu kamen die neuen Kunststoffe. Erst nach dem Ersten Weltkrieg erhielt Leinen wieder eine größere Bedeutung: Denn das Ende der Monarchie bedeutete zugleich das Aus günstiger Stoffe aus allen möglichen Ländern. Ab den 1920er-Jahren hat die Konfektionsindustrie zudem Loden wieder entdeckt – nachdem durch den Gebirgs- und Skitourismus bereits um die Jahrhundertwende in Wien ein Lodenboom eingesetzt hatte.

Mit der industriellen Stofffertigung wurden auch die Trachten erschwinglicher. Gegen Ende des Ersten Weltkrieges gelang es deutschen Chemikern, aus Teerabfällen intensiv leuchtende Farben für den Baumwolldruck zu entwickeln, die waschbeständiger waren als die bisherigen Färbemittel. Die so bedruckte Baumwolle war leicht und farbenfroh, viele Frauen tauschten die schwere Tracht gegen ein leichtes Kleid aus bunt bedruckter Baumwolle.

Textil-Patriotismus

Bunte Farben sind heutzutage nicht immer ein Segen. Manche Zusatzstoffe zur Färbung von Textilien sind als gesundheitsgefährlich eingestuft und in der EU verboten. Allerdings nicht der Import von Stoffen überwiegend aus Fernost, die mit diesen Farben gefärbt wurden. Doch die österreichischen Trachten- und Dirndlhersteller zeigen sich in Fragen der Qualität patriotisch und setzen auf Stoffe „Made in Europe". Im Idealfall kommen sie aus Österreich, etwa aus der Jacquardweberei Otto Flemmich aus Wien, dem Salzburger Unternehmen Jordis oder der Firma Seidra aus Dra-

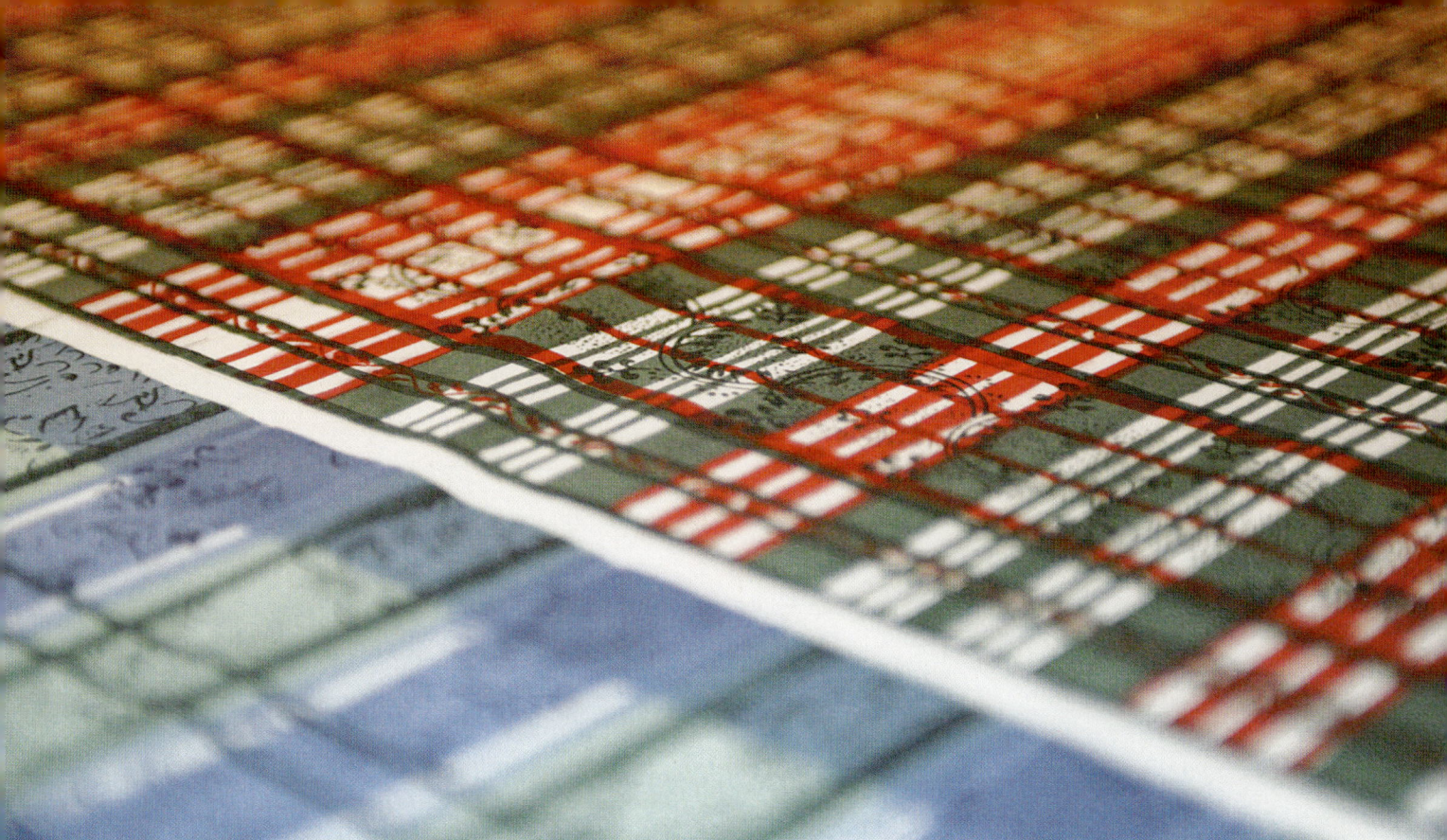

schitz in Kärnten. Auch wenn es nicht mehr allzu viele Stofferzeuger und Dirndlnähereien in Österreich gibt, „die Trachtenfamilie hält zusammen. Wir wollen das Niveau und den Ursprung halten", erklärt Firmenchef Georg Flemmich. Obwohl Anbieter aus Fernost ihre Stoffe zu Preisen anbieten, bei denen er nicht mithalten kann, beobachtet Flemmich den Mitbewerb entspannt. Tradition, Kundennähe, Exklusivität und kurze Wege sprächen letztlich für den Stoff aus Österreich.

Zwei Drittel aller in der Otto Flemmich KG gewebten Stoffe werden in den rund 50 österreichischen Dirndlnähereien verarbeitet. Im Wiener Unternehmen entstehen in Jacquardtechnik vor allem Seidenstoffe, rein oder mit Polyesteranteil sowie Taftstoffe. Obwohl der weltweite Seidenmarkt mittlerweile fest in chinesischer Hand ist, hat Georg Flemmich für die Seidenfäden noch eine Bezugsquelle in Italien. Gefärbt werden diese zum Großteil in Wien, was die Muster betrifft, ho-

Edel. Erst mit der industriellen Stofferzeugung konnte sich jede Frau ein Dirndl leisten. Wer heute etwas Besonderes haben will, wählt einen handbedruckten Stoff.

Dirndl trifft Stoff

len sich die Stoffdesigner ihre Inspirationen aus dem Archiv des Unternehmens, das Stoffmuster der letzten Jahrhunderte enthält. Das Älteste stammt aus 1790. Modisch werden die neuen Entwürfe akzentuiert, wie es der unternehmenseigenen Vorstellung von Trachtenerneuerung entspricht oder wie es der Kunde verlangt. Wobei sich rund 60 Prozent der Kunden am klassischen Dirndl und an den traditionellen Stoffen der Regionen orientieren und 40 Prozent neuere Wege gehen. Dabei gelten für Flemmich die Regeln der Ästhetik, für Kitsch und Schnelllebigkeit ist der Stofferzeuger nicht zu haben: Schließlich braucht ein Dirndl nicht nur einen ansprechenden Stoff, sondern auch Zeit, bis es ausgearbeitet ist.

Immer wiederkehrende Muster sind dabei Rosenmotive oder Karos, die ursprünglich in einfacher Alltagstracht zu finden waren. Diese Bauernkaros werden bei der Flemmich KG durch Seide aufgewertet, ebenso Streifenmuster in den klassischen Farben. Alte Muster hält das Unternehmen in Seidentüchern fest, die seit 1920 unverändert produziert werden. Die Dirndl-Jacquardstoffe aus Wien zieren nicht nur österreichische Kleider. Es kommt immer wieder vor, dass Kunden aus Frankreich und Italien die Traditionsstoffe ganz anders, dirndluntypisch, verarbeiten.

Blaudruck

Der Name der alten Färbetradition ist irreführend. Denn Stoffe aus Blaudruck sind nicht blau gedruckt, sondern blau gefärbt. Bei der Drucktechnik wird mit Holzmodeln eine farbabweisende Substanz – bestehend aus Baumharz, das in Verbindung mit Wasser klebt – und Tonerde, der sogenannte Papp, auf den gespannten Stoff aufgetragen und muss rund drei Wochen trocknen. Im Anschluss wird der Stoff mit Indigo gefärbt. Wo der Papp aufgetragen war, bleibt ein weißes Muster auf blauem Grund.

Der Überlieferung nach entstand der Blaudruck zufällig, als man entdeckte, dass sich Stoffe nicht durchgängig färben ließen, sobald gewisse

Stoffproduktion. Die renommierten Trachtenschneidereien setzen auf Stoffe aus Österreich oder der EU, etwa aus der Jacquardweberei Otto Flemmich in Wien. Dort werden vor allem Seidenstoffe in Jacquardtechnik erzeugt. Die Seidenfäden aus Italien lässt man großteils in Wien färben.

Substanzen auf ihm fest hafteten. Es begann ein Prozess des Experimentierens, indem Stoffe abgebunden oder Steine hineingeschnürt wurden. Mit dem Auftragen von Lehm und Wachs auf den Stoff kam man schließlich auf das Prinzip des Blaudrucks. Dessen Ursprung vermutet man in Indien, die Farbe wird aus der dort heimischen Indigopflanze gewonnen. In China, Indien und Ägypten lässt sich das Blaufärben bis ins Altertum zurückverfolgen. Der Geruch indigogefärbter Stoffe hielt beispielsweise Schlangen fern, Indigosamen verwendete man gegen frühzeitiges Grauwerden der Haare und zu rasches Altern. Nach Europa kam Indigo im 13. Jahrhundert mit Marco Polo.

Blau machen: Dieses geflügelte Wort stammt möglicherweise aus dem Blaudruck. Die Legende sagt, dass immer am Montag gefärbt wurde und, weil die Stoffe stundenlang in der Sonne hingen, die Färber nichts zu tun hatten. Ob sie dabei Alkohol getrunken haben, also „blau" waren, steht nirgends geschrieben.

Dirndl trifft Stoff

Blaudrucker haben seinerzeit gedruckt und gefärbt, konnten aber keiner Zunft zugeordnet werden. Um sich Meister nennen zu dürfen, begaben sie sich drei Jahre auf die Walz, wodurch sich die Drucktechnik schnell in ganz Mitteleuropa verbreitete. Nach einem Blaudruckboom im 17. und 18. Jahrhundert, begannen sich auch Wissenschafter und Forscher für Indigo zu interessieren. Die Entdeckung der chemisch hergestellten Indanthrenfarbe, bei der wasserunlösliche Pigmente für Farbbeständigkeit sorgen, und die beginnende Industrialisierung machten die aufwendige Herstellungsweise von Blaudrucken immer weniger attraktiv.

Heute nehmen nur wenige Betriebe diesen zeitintensiven Herstellungsprozess auf sich, der Familienbetrieb „Koo" im Burgenland ist einer davon. Bereits in dritter Generation färben Joseph Koo, seine Ehefrau, Schwester, Mutter und die Nachbarin Blaudruckstoffe nach alter Überlieferung. Die Zusammensetzung des Papps ist Familiengeheimnis. Beim Färben wird der Stoff nach rund zehn Minuten in der Farbe, der sogenannten Küpe, herausgezogen. Durch die Oxidation an der Luft zeigt sich der Färbeprozess in einem Farbenspiel: von Gelb über Grün bis Blau. Je nach gewünschtem Blauton wird dieser Vorgang acht bis zehn Mal wiederholt. Damit die bedruckten Stoffseiten nicht aneinander kleben, schlägt man sie mit einem Stock auseinander. Die fertigen Stoffbahnen werden, sofern es die Witterung erlaubt, im Freien getrocknet.

Gearbeitet wird bei „Koo" mit über 200 Jahre alten Modeln aus Birnen- und Lindenholz, zur Verfeinerung der Muster verwenden die Drucker Messingstifte. Die Küpe besteht aus Wasser, Indigo und Kalk, je nach Intensität des Blautons kann der Färbevorgang bis zu vier Stunden dauern. Mit einer alten, handbetriebenen Walzendruckmaschine kann Familie Koo als einziges Blaudruckunternehmen der Welt Doppeldrucke erzeugen, dabei erscheint auf der Vorder- und Rückseite je ein anderes Muster. Joseph Koo beliefert in kleinerem Rahmen noch Trachtenschneidereien wie „Tostmann" und arbeitet mit Modeschülern und Jungdesignern zusammen.

Ausseer Handdruck

Wer Tracht im Ausseerland von Kopf bis Fuß richtig trägt, ist garantiert nicht von dort, sagen die Einheimischen. Dabei ist das Ausseerland jene Region, in der das Dirndl zur Alltagskleidung gehört. Man geht im Dirndl einkaufen, man arbeitet im Dirndl und trägt es selbstverständlich auch bei festlichen Anlässen. Schon 1885 hat der Kulturhistoriker Anton Schlossar von der „besonders geweckten und intelligenten, aber auch hübschen Landbevölkerung" gesprochen, den „strammen, hochgewachsenen Burschen und Männern neben den auffallend schönen Mädchen und Frauen". Nie würde man in Aussee, am Grundlsee oder in Altaussee einem unschönen Gesichte begegnen oder einer schlecht gewachsenen Gestalt. Und in dieser Region trete auch die Tracht des Volkes am schönsten und charakteristischsten zutage, beobachtete der Volkskundler.

Der Ausseer Handdruck ist im Vergleich zum Blaudruck eine junge Tradition, die im Ausseerland vornehmlich von vier Betrieben ausgeführt wird. Zu verdanken ist er jedoch der Wienerin Anna Mautner. Weil sie jung Witwe wurde, musste sich die Mutter von vier Kindern bald nach einer eigenen Einnahmequelle umsehen. Mit ihrem Gatten Conrad verbrachte sie einst viel Zeit im Ausseerland, der in seinem „Steyrischen Raspelwerk" Vierzeiler, Lieder und Gasslreime aus Gössl am Grundlsee sammelte und handkolorierte Szenen des ländlichen Alltags publizierte. In Wien pflegte das Ehepaar Kontakt zu Künstlern wie Hugo von Hofmannsthal, Richard Strauss und Arthur Schnitzler. Den steirischen Volkskundler Viktor von Geramb inspirierte Conrad Mautner zur Herausgabe eines Steirischen Trachtenbuches.

Das Ehepaar war stets eng mit der Region und seinen Trachten verbunden. Weil in den 1920er-Jahren kaum Trachtenstoffe erhältlich waren, schritt Anna Mautner nach dem Tod ihres Gatten zur Tat. Sie wollte die Frauentrachten des Ausseerlandes auf ein „anständiges Niveau" bringen, was mit dem damaligen Maschinendruck nicht möglich war. In der Südsteiermark suchte sie nach alten Modeln und fand zudem einen Handdrucker, der sie in die Kunst des Stoffdrucks einweihte, die

Ausseer Handdruck. Markus Wach von „Handdruck Sekyra" in Bad Aussee bedruckt mit seinen Mitarbeiterinnen per Hand Seidenstoffe. Er ist auch der Schöpfer eines der bedeutendsten Symbole des aktuellen Trachtenhypes, des springenden Hirschen, der von vielen Herstellern kopiert wurde.

der Technik des Blaudrucks ähnlich ist. Nur, dass die Farbe mit Modeln direkt auf den Stoff aufgetragen wird.

Um 1930 begann sie zu drucken und erweiterte auch den Bestand an Modeln, um 1935 wurden mit einem Textilchemiker neue Druckfarben getestet. In diesem Jahr schuf sie zudem für das Grazer Versandhaus „Kastner & Öhler" eine Kollektion von Musterstoffen für Dirndl und Trachten und setzte damit einen Meilenstein für zeitgemäße Trachtenerneuerung. 1936 schrieb sie nieder, wie eine echte Ausseer-Grundlseer Frauentracht auszusehen habe: nämlich wie heute noch in den Farben rosa (Kittl), grün (Leibchen) und lila (Schürze). Nun kristallisierte sich auch ihr Arbeitsstoff heraus: Reine Seide wurde fortan zur textilen Grundlage.

1938 war dem Erfolg Anna Mautners zunächst ein Ende gesetzt. Das Eigentum der jüdischstämmigen Familie wurde von der Gestapo beschlagnahmt, wertvolle Gegenstände verkauft, die Liegenschaft in Grundlsee geplündert und in weiterer Folge arisiert. Den Zuschlag für das mittlerweile international renommierte Unternehmen „Grundlseer Handdruck" mit Produktionsstandort in Wien erhielt der amtierende Bürgermeister Hanns Wöll. Nicht nur, dass ihr das Lebenswerk entrissen wurde, Anna Mautner musste sich verpflichten, der künftigen Textildruckerei von Hanns Wöll weder vom Ausland, noch vom Inland Konkurrenz zu machen. Aus der Produktion in Wien ließ dieser Maschinen und Ausrüstung demontieren und nach Aussee transportieren. Anna Mautner gelang mit ihren Kindern im Jahr 1941 die Flucht in die USA.

Doch schon nach fünf Jahren kehrte sie an den Grundlsee zurück und erhielt auch die zwangsverkaufte Textildruckerei wieder. Mit sieben Druckern, unter ihnen der Wiener Komponist und Musiker Armin Caspar Hochstetter, begann sie 1948 neu. Der Komponist verließ 1949 das Unternehmen und gründete unter dem Namen seiner Ehefrau die „Handdruckerei Ada Hochstetter". Weil Mautner zwar ihr Handwerk, aber weniger ihre Finanzen beherrschte, verpachtete sie 1954 ihren stark verschuldeten Betrieb für wenige Jahre an Gertrude Pfandl. Um später für diese eine geeignete Nachfolgerin zu finden, schaltete Anna Mautner Tobi Reiser und das „Salzburger Heimatwerk" ein. Der „Grundlseer Handdruck" ging letztlich in die erfahrenen Hände von Maria (Mirzl) Prisching und wird heute von deren Tochter Martina Reischauer geführt.

Der Sohn des Bürgermeisters Hanns Wöll, Hellmut, gründete mit Sepp Wach im Jahr 1971 die „Ausseer Handdruckerei". Die Zusammenarbeit währte nicht lange, Hellmut Wöll startete mit der „Ausseer Seidendruckerei, Handdruck und Heimatkunst" neu durch und übersiedelte nach Niederösterreich. Wach arbeitete ab 1973 in seinem eigenen Betrieb „Seidendrucke Sepp Wach", den er mit seiner Gattin Elfriede führte. Nach der Trennung der beiden eröffnete Elfriede Wach die

Anna Mautner. Mit dem Ausseer Handdruck ist auch ein unschöner Teil der Geschichte verbunden: Das Lebenswerk der jüdischstämmigen Entdeckerin Anna Mautner wurde beschlagnahmt, sie selbst musste mit ihren Kindern in die USA fliehen, kam jedoch nach dem Zweiten Weltkrieg wieder zurück.

Dirndl trifft Stoff

„Steirische Seidenhanddruckerei Elfriede Wach" und nannte sie nach ihrer Vermählung mit Hugo Sekyra in „Handdruck Elfriede Sekyra" um. Heute heißt das Unternehmen „Handdruck Sekyra" und wird von ihrem Sohn Markus Wach geführt, einem ausgebildeten Textilkaufmann und Modedesigner, der nach Zwischenstopps bei internationalen Modehäusern auf Bitten der Mutter wieder zurück in die Heimat kam und in ihr Unternehmen einstieg.

Hauptsächlich auf Seide, aber auch auf Baumwolle und Leinen drucken Markus Wach und seine Mitarbeiterinnen traditionelle und moderne Muster für Tücher, Krawatten, Polster, Tischwäsche und natürlich Meterware. Einen Meter Stoff zu bedrucken, bedeutet einen Zeitaufwand von einer Stunde. Wach zeigt sich bei seiner Arbeit aufgeschlossen und zeitgemäß. Von ihm stammt eines der bedeutendsten Symbole des aktuellen Trachtenhypes, der springende Hirsch, der mittlerweile von vielen Trachtenmodenherstellern kopiert wurde. Damals dachte er nicht daran, sich die Idee schützen zu lassen. „Pech", meint er dazu kurz. Wach führt sein Unternehmen in überschaubarem Rahmen. Den Großauftrag eines exklusiven amerikanischen Versandhauses, Tücher mit Hirschaufdruck zu produzieren, lehnte er ab, weil er seinen Betrieb auch weiterhin klein und überschaubar halten möchte. Vor Jahren schon trat die Fluglinie Austrian Airlines an Wach heran, er solle doch die Schals des Flugpersonals bedrucken. Er verkaufte lediglich den Entwurf. Seine Stoffe sind Einzelanfertigungen, er liefert auch an große Hersteller wie „Tostmann", „Gössl" oder an Susanne Spatt, seine Ehefrau. Wachs Handdrucke gehen nach Großbritannien, Deutschland, St. Moritz oder Aspen.

Neben den von Martina Reischauer geführten Mautner Drucken, den Seidendrucken von Sepp Walch und den Sekyra Stoffdrucken gibt es eine Vierte im Bunde, die ihre Stoffe mit Handdrucken veredelt: Christiane Eder, die mit ihrem „Ausseer

Modelhanddruck" das Handwerk im Alleingang ausübt und als einzige mit der Mautner'schen Druckerei nicht in Verbindung steht. Ihr ist ein Druckmodel aus dem Familienbesitz „irgendwie zugefallen", seit 1985 arbeitet Eder selbstständig. Ihre Kreativität lebt sie gern alleine aus, Färben, Malen und Bedrucken gehen bei ihr eine besondere Wechselbeziehung ein.

Modeln. Alte Druckmodeln sind Zeugnisse der Vergangenheit, für die Handdrucker sind es wertvolle Schätze.

Dirndl trifft Schneiderei

Kleider machen Leute, Leute machen Vorschriften: Kleidermacher waren im Lauf der Jahrhunderte immer wieder damit beschäftigt, festzulegen, wie die Kleidung des Volkes auszusehen hatte. Im Mittelalter waren es die Kleiderordnungen, die streng darauf achteten, dass nur geschneidert wurde, was getragen werden durfte. Noch heute gibt es bei den Trachten mehr oder weniger strenge Vorschriften, die vorgeben, wie Schnitte, Muster und Verarbeitungsdetails auszusehen haben. Und bei der Mode sagen Designer, was „in" ist, die Textilindustrie entwirft Modefarben und entscheidet damit, wie bunt es in der jeweiligen Saison werden darf.

Sehr streng ging es in manchen europäischen Städten des 14. Jahrhunderts zu. Kleiderordnungen schrieben vor, welche Materialien verwendet werden durften. Silber, Pelz und Seide waren verpönt, denn, so die damalige Meinung, Luxus würde sich schlecht auf das Zusammenleben in den Städten auswirken. Der einzelne Bürger könne sich dadurch finanziell übernehmen und damit der Gemeinde zur Last fallen. Kaiserin Maria Theresia stieß im 17. Jahrhundert mit ihrer Idee einer neuen Kleiderordnung jedoch aus staatspolitischen und moralischen Gründen auf den Widerstand ihrer Minister. Diese wollten den Luxus nicht bekämpfen, sofern er aus der heimischen Wirtschaft befriedigt werden konnte. Denn zu Zeiten des Merkantilismus bedeuteten Luxusansprüche der Bürger Arbeit fürs Volk.

Dirndl im Wandel

Bei der Erneuerung des Dirndls im 20. Jahrhundert achteten Trachtenforscher und Heimatwerke streng darauf, dass es blieb, was es ursprünglich war: etwas Bodenverwachsenes. Die „Stoffdruckerei Franz M. Rhomberg" in Vorarlberg bot in Zusammenarbeit mit den Heimatwerken deshalb Schnitt- und Farbanleitungen zum Selberschneidern an. Mit diesen Anleitungen wollte man eine Verkitschung des Dirndls vermeiden. Die Vorstellung der Schnittzeichner war, dass die alpenländische Frau in den Nachkriegsjahren im „beschwingten Kleid" ihre Frohnatur und ihren weiblichen Charme zum Ausdruck bringen sollte, ohne dem Kulturgeist der Elterngeneration ganz zu entfliehen. Als vollwertigen Ersatz für die gewachsene Tracht sah man dieses neue beschwingte Kleid jedoch nicht an. Mit den der Tracht entnommenen markanten Elementen sollte der Anfang gemacht werden, um das Dirndl zu einem neuen Kleidungsstück zu machen, das für Österreich steht.

Die Geschichte des Dirndls ist bis heute ein Evolutionsprozess geblieben, der nicht unerheblich von Modetrends bestimmt ist – wenn bei den Trachten auch mit Schnitten, Stoffen und Mustern gewisse Einschränkungen vorgegeben sind. Das bedingt, dass im Gegensatz zur Mode bei der Tracht der Wettstreit fehlt, wenn es darum geht, andere Trachtenträger modisch zu überflügeln. In einem sind sich jedoch viele Modeexperten einig: Das Dirndl gehört aufs Land. Punkt.

Schneiderinnen verzweifelt gesucht

Doch um zu einem „trachtigen Ergebnis" zu kommen, braucht es die Schneiderin oder den Schneider. Sie zu finden war vor hundert Jahren ähnlich schwierig wie heute. Im Jahr 1920 wurde in Salzburg der Mangel an Fachkräften mit drastischen Worten beklagt. „Von 100 Schneiderinnen sind 99 Pfuscherinnen!", war im „Salzburger Volksblatt" zu lesen, gefolgt von der Aufforderung, den „erträglichen Beruf"[!] doch

Das Maßgeschneiderte. Bis zu 150 maßgeschneiderte Dirndln werden pro Jahr im „Salzburger Heimatwerk" genäht.

ordentlich zu erlernen. Die Frage, warum so viele Stümperinnen am Werk seien, beantwortet der Autor des Textes damit, dass die Frauen, die den Beruf mehr schlecht als recht ausübten, aus Kreisen stammten, in denen die Begabung fehle und das entsprechende Künstlerblut, das man nun einmal zum Schneidern brauche. Daraufhin wurden vom „Landesausschuss betreffend Förderung und Hebung der Salzburger Eigenart in Trachten, Sitten und Gebräuchen" Kurse organisiert, um das Image des Schneiderberufs zu steigern, eine Konkurrenzfähigkeit gegenüber dem Konfektionswarenhandel herzustellen und mit der Maßschneiderei das heimische Gewerbe zu fördern.

Dennoch ging Anfang des 20. Jahrhunderts die Zahl der Schneiderinnen und Schneider massiv zurück, weil immer mehr Dirndln in Konfektion gefertigt wurden. Doch auch dieses konnten sich in der wirtschaftlich schwierigen Zeit immer weniger Frauen leisten, viele behalfen sich damit, ihr Kleid aus Bettzeugstoffen zu nähen. In den Warenhäusern war das Dirndl damals preislich zwischen Schlafröcken und Badeanzügen angeordnet. Mit Nachwuchssorgen kämpft die Schneiderbranche noch heute – nur wenige heimische Schneidereien können dem starken Konkurrenzdruck durch Konfektionsware aus Billiglohnländern standhalten. Zudem klagen die Hersteller über einen hohen Anteil an Schattenwirtschaft durch privat arbeitende Schneiderinnen, die das Preisgefüge durcheinanderbringen. Viele Schneidereien sind gezwungen zu schließen, potenziellem Nachwuchs fehlen somit die Ausbildungsstätten.

Das Maßgeschneiderte

Dirndlkleider von der Stange werden vornehmlich in asiatischen Ländern geschneidert. Doch trotz vieler „Asien"-Dirndln auf dem Markt sind die verbliebenen Maßschneidereien gut ausgelastet. Jedes Unternehmen hat seine eigenen Dirndl-Basisschnitte – sozusagen die eigene Corporate Identity – wobei einzelne Teile wie das Oberteil stets individuell hergestellt werden. Traditionelle Trachtenhersteller wie das „Salz-

Passgenau. Die meisten Frauen wollen in ihrem maßgeschneiderten Dirndl eines erreichen: schlanker aussehen.

burger Heimatwerk" berichten seit ein paar Jahren von einem Boom bei Maßanfertigungen, nicht nur bei älteren Kundinnen, sondern auch bei jungen Mädchen.

In der Modebranche spricht man davon, dass Modetrends etwa sieben Jahre anhalten und je nach gesellschaftlicher oder wirtschaftlicher Entwicklung schneller oder langsamer zu Ende gehen. Beim „Salzburger Heimatwerk" ist langfristig gesehen die Nachfrage nach maßgeschneiderten Dirndln jedoch konstant. Dort hat man also Grund genug zum Schmunzeln, wenn immer wieder die Rede vom Ende der Tracht ist. Glaubt man Trendforschern, dürfte dem aktuellen Trachtentrend ein längeres Hoch beschert sein, da Globalisierung und Wirtschaftskrisen bei vielen Menschen eine Rückbesinnung auf lokale Regionen und Traditionen zur Folge haben. Beim Heimatwerk beobachtet man beispielsweise, dass junge Frauen bei der Stoffwahl für ihr maßgeschneidertes Dirndl gern zu konservativen Mustern greifen, die sie schon von ihrer Großmutter kennen.

An einem Maßgeschneiderten arbeitet die Trachtenschneiderin im Durchschnitt 13 bis 15 Stunden. Pro Jahr fertigen die Schneiderinnen des „Salzburger Heimatwerks" zwischen hundert und 150 Kleider an. Nachdem die Kundin Modell und Stoffe ausgewählt hat, wird abgemessen – wie in den meisten Trachtenschneidereien noch von Hand, obwohl es bereits Computerprogramme gibt, die den Körper abscannen und automatisch Schnitte anfertigen. Insgesamt finden im Heimatwerk zwei Anproben statt, bei der ersten wird für das Kleid die Basis geschaffen, die zweite dient lediglich dazu, Kleinigkeiten zu ändern. Der Anspruch der meisten Frauen an ihr neues Dirndl: Sie wollen darin schlanker aussehen. Und natürlich gut, verrät die Dirndlschneiderin Gerlinde Gassner.

Ton in Ton. Ein nettes Accessoire ist der Dirndlbeutel aus dem gleichen Stoff wie die Schürze.

Dirndl trifft Schneiderei

Das Dirndl und die Persönlichkeit

Die Dirndlschneiderin hat in erster Linie die Proportionen einer Frau im Auge. Sind die Hüften ausladend und passt die Oberweite dazu, gibt es keinen Grund zu optischen Veränderungen. Dünnen Frauen rät die Schneiderin von einem tiefen Dekolleté ab und empfiehlt Farbe, um die Aufmerksamkeit darauf zu lenken. In jedem Fall gilt es, die Persönlichkeit der Trägerin zu unterstreichen. Um dafür ein Gespür zu bekommen, nehmen die Dirndlanproben mitunter viel Zeit in Anspruch.

Genäht wird großteils mit der Nähmaschine, Reiharbeiten bei Kittl und Schürze werden per Hand erledigt. Die zeit- und kostenaufwendigste Arbeit versteckt sich beim Sticken, den Rüschen, dem Aufputz oder bei den Steppereien – alles Handarbeiten, die industriell nicht gefertigt werden können. Fallweise sind auch Handarbeiten gewünscht, wofür es eigentlich maschinelle Unterstützung gäbe, wie etwa bei den Knopflöchern. Pro Handknopfloch ist die Schneiderin bis zu zwölf Minuten tätig. Steppereien werden auch heute noch wie anno dazumal gefertigt: mit Peddigrohr oder mit Schafwolle zum Aufdoppeln. In früheren Zeiten wurde statt Peddigrohr übrigens Fischgrät verwendet – daher auch der Name für die Muster.

Aus Tradition, aber auch weil man sowohl bei Passform als auch bei den Stoffen einen Kontrapunkt zu den importierten Konfektionsdirndln aus Billiglohnländern setzen will, sind die im „Salzburger Heimatwerk" verwendeten Materialien zu 100 Prozent aus Naturfasern, also Baumwolle, Leinen und Seide. Maximal das naturnahe Textil Viskose mit Grundmaterial Zellulose darf in ein Heimatwerk-Dirndl. Naturfaser fällt schöner, hat aber den Nachteil, dass es schneller ausbleicht oder abreibt, was besonders beim Leinen der Fall ist. Seide ist das teuerste Material bei der Dirndlherstellung.

Traditionell besteht das Alltagsdirndl aus Baumwolle und Leinen, für das Festtagsdirndl werden die edleren Stoffe Wolle und Seide verwendet. Während manche österreichische Bundesländer streng darauf ach-

Tricks. Dirndlschneiderinnen wissen, mit welchen Schnitten die Persönlichkeit der Trägerin am besten unterstrichen werden kann.

ten, dass beim Schneidern nicht zu sehr von den traditionellen Vorlagen und Schnittmustern abgegangen wird, zeigt man sich im „Salzburger Heimatwerk" liberaler, was Sonderwünsche anbelangt. Und eine Einteilung in „echtes" und „unechtes" Dirndl will man dort schon gar nicht hören.

Eine beeindruckende Leistungsschau bietet das „Salzburger Heimatwerk" alljährlich zur Weihnachtszeit. Das Salzburger Adventsingen mit seinen 200 Mitwirkenden auf und hinter der Bühne des Großen Festspielhauses zieht jährlich rund 36 000 Menschen an. Die Chorsängerinnen sind in prächtige Dirndln gekleidet, die seit Bestehen der Veranstaltung im Heimatwerk angefertigt werden.

Erhebend. Ein großartiges Erlebnis ist das alljährlich im Großen Festspielhaus in Salzburg stattfindende Adventsingen. Veranstaltet wird es vom „Salzburger Heimatwerk", von dort kommen auch die prächtigen Dirndlkleider der Musikerinnen.

Trachtenerneuerung: Susanne Spatt

Susanne Spatt ist eine Trachtenerneuerin in Salzburg. Ihre Dirndln sind traditionell, in Verbindung mit frischen Farben, stets dem jeweiligen Anlass angepasst. So gehört ihrer Meinung nach das Tagesdirndl in den alpinen Bereich. Es ist ihr wichtig, konservativ-klassisch zu bleiben, also keine Reißverschlüsse zu verwenden und hochwertig im Inland produzieren zu lassen. Kurze, modische Dirndln findet man bei ihr nicht, „das halte ich nicht für notwendig", meint sie. Vielmehr sieht sie sich beim Entwerfen und Erneuern die Originaltrachten genauer an: Was kann man von dort übernehmen, was sollte erhalten bleiben? An der klassischen Form des Oberteils ändert sie nicht allzu viel, kreativ nimmt sich Spatt hingegen den Rockbereich vor: etwa bei der Wahl der Farben, des Stoffes oder beim Schnitt, damit die Figur optimal betont wird. Ihr Credo: Gerade um die Hüften weniger Stoff, damit es nicht zu sehr aufträgt.

Eigentlich ist Susanne Spatt Juristin. In die Dirndlproduktion stieg sie vor 15 Jahren als Autodidaktin ein. Ihr Ehemann Markus Wach, Inhaber von „Handdruck Sekyra", entwirft und druckt für sie Stoffe und verhilft ihr so zur eigenen Dirndl-Linie. Darauf, dass sie als eine der wenigen Trachtenhersteller noch in Österreich, genauer gesagt in der Steiermark, produzieren lässt, ist sie sehr stolz. Susanne Spatt betreibt ihre Dirndlerneuerung auf eine frische und umsichtige Art und Weise.

Nicht immer gelingt's

Doch nicht immer gelingt es, den Trachten neue Facetten hinzuzufügen, wie ein Beispiel aus der Geschichte zeigt: In Bad Aussee sollte Mitte des 19. Jahrhunderts eine dem Männerhut ähnliche Kopfbedeckung für junge Mädchen eingeführt werden, was allerdings den Burschen arg missfiel. Sie kauften einer alten Frau einen solchen Hut für den Kirchgang und hielten die Dirndln mit einem Spottlied davon ab, das Gleiche zu tun. Was Erfolg zeigte: Die Köpfe der jungen Frauen blieben weiterhin von Kopftüchern bedeckt.

Stimmig. Trachtenerneuerin Susanne Spatt schmeichelt mit ihren Kreationen der Figur. Sie reduziert bei den Hüften die Stoffmenge, damit es weniger aufträgt.

Dirndl trifft Erotik und Politik

Sex sells, besonders gut im Dirndl. Waren es in den 1970er- und 1980er-Jahren filmische Sexklamotten mit kurzen und viel Einblick gewährenden Kleidchen, sorgen heute Strapse unterm Kittl, High Heels statt Haferlschuhe und dazu das Dirndl mit verrucht-schwarzer Bluse oder ganz ohne für den erotischen Reiz. Auch heute noch ist das Dirndlkleid ein probates Mittel, um sexuelle Fantasien anzuregen.

Und es geht wie immer um die Jagd. Mann nach Frau, Frau nach Mann. In der Tierwelt locken bunte Federn, Menschen kleiden sich, um auf sich aufmerksam zu machen, – im Idealfall so, dass mit der Kleidung der Körper nachmodelliert wird. Denn eines hat die Geschichte der Bekleidung gezeigt: Nacktheit reizt selten, erst das Verhüllen macht neugierig. Beim Dirndl liegt die „Wahrheit", wenn man so will, irgendwo dazwischen: Das Dekolleté ist insofern reizvoll, als es nur einen Ausschnitt des Körpers zeigt und der Fantasie Spielraum lässt. Doch das Dirndl spielt hier mit seinen Betrachtern. Denn die plumpen Puffärmel der Bluse sind Kontrapunkte zum körperlichen Reiz des Ausschnitts, die Bluse lenkt sogar von der Brust ab. Spätestens bei der Taille wirbt das Dirndl dann wieder um Aufmerksamkeit.

Der Männer Freud, der Feministinnen Leid

Sexualpsychologen analysieren das Dirndl allerdings aus einem anderen Blickwinkel. Zwar sehen sie es auch als Erotiksymbol, allerdings als eines, das die Trägerin unfrei macht. Das Dekolleté könne mit einer Auslage verglichen werden, in der die Brust angeboten werde, das Mieder sei ein Korsett und zugleich ein Mittel, um Frauen in ihrer Freiheit einzuschränken. Streng genommen könne es mit dem chinesischen Lotusfuß verglichen werden, bei dem noch im 20. Jahrhundert fünf- bis achtjährigen Mädchen die Füße so eng mit Bandagen umschlungen wurden, dass sie im Wachstum gehemmt und zum Klumpfuß geformt wurden. Frauen mit Lotusfüßen konnten nur mehr kleine Schritte machen, die hilflosen Bewegungen dieser Frauen weckten den Beschützerinstinkt der Männer. Wo sich laut Sexualpsychologen ein Bezug zur gegenwärtigen Dirndl-Mode herstellen lässt: Das einschnürende Mieder und die gern dazu kombinierten High Heels sind zwar sexy, schränken aber in der körperlichen Freiheit stark ein. Es soll ja noch immer Männer geben, die in Gegenwart starker Frauen Unsicherheit beschleicht. Und eine so eingesperrte Frau kann nicht gefährlich werden. Die Testosteronausschüttung steige zudem bei vielen Männern, wenn im Dirndl ein junges Mädchen stecke, meinen Sexualforscher. Denn so ganz unbelastet und frei ist die Sexualität laut Sexualtherapeuten noch immer nicht: Mit Sex ist nach wie vor eher Schuld denn wilde Begierde verbunden. Und wer verkörpert diese sexualisierte Unschuld besser als die Kindfrau Lolita?

Doch einmal die kritische Betrachtung zur Seite genommen und die Frau gefragt: Warum liebt sie das Dirndl? Ein Grund ist, meinen die Sexualexperten, dass dieses Kleidungsstück entgegen üblichen Modetrends Weiblichkeit zulässt, ja sogar erfordert. Ein üppiger Brustumfang oder breite Hüften sind beim Dirndl erwünscht, zur Freude vieler Frauen, denen die Modewelt sonst die androgyne Frau in Kleidergröße 34 als Maß aller Dinge vorsetzt. Doch es ist beim Dirndl wie bei allen Kleidungsstücken: Sie sind nur so sexy, wie sich die Trägerin darin fühlt.

Dirndl trifft Erotik und Politik

Das Dirndl und die politische Dimension

Es gibt viele Gründe, warum sich manche Feministin und politisch engagierte Frau weigert, in ein Dirndl zu schlüpfen. Der wohl wichtigste ist, dass Kleid samt Gretlfrisur lange Jahre für Häuslichkeit standen und den Rückzug in die Privatheit und Mutterschaft signalisierten. Für die Feministinnen der 1960er-Jahre war das Dirndl zudem zu bieder, zu brav und deshalb untragbar. Die Tatsache, dass es bis zum heutigen Tag durch peppigere Schnitte, großzügige Dekolletés oder die Möglichkeit, das Kleid auch mini zu tragen, sexualisiert wurde, trägt noch weniger dazu bei, es für Feministinnen attraktiv zu machen.

In der Werbung wird die Darstellung der Trachten gern mit Begriffen wie Echtheit, Ursprünglichkeit, Tradition oder Heimat verbunden. Sie suggeriert auch, dass es sich bei der Ware um ein „echtes" Erzeugnis aus der Region handelt. Manchmal jedoch stoßen allzu freizügige Abbildungen der Traditionskleidung in der Reklame sauer auf: Mehrfach war das Dirndl schon im Visier der Watchgroup Sexismus, etwa das der Österreichischen Lotterien für Brieflose. Auf einem Werbeplakat sah man ein dralles Dirndl-Dekolleté, das ein Lebkuchenherz schmückt. Auf diesem war in Zuckerschrift „Brieflos" zu lesen, über der Werbung stand der Satz „In die Geldberg bin i gern". In dem Bild-Text-Arrangement sah die Aktionsgruppe eine direkte und offene Herabsetzung von Frauen. Der eigentliche Stein des Anstoßes war das Pendant zu diesem Plakat, das eine bekleidete Männerbrust zeigte. Fazit der Aktionsgruppe: Das Gleichgewicht der Geschlechter sei durch die jeweilige Darstellung infrage gestellt. Ein anderes Sujet ging der Gruppe ebenfalls zu weit. Das Werbeplakat für das Trachtenclubbing des Lokals „Die Weisse" in Salzburg zeigt eine lasziv blickende Frau im Dirndl, die mit den Händen ihre Brüste in die Höhe schiebt. Die Kritik der Watchgroup: So dargestellte Frauen stünden für nichtdenkende, zweidimensionale Dekoration, für sexuellen Anreiz für Männer, beschränkt auf ihren dekorativen und sexuellen Gebrauchswert. Ein zusätzliches Ärgernis war die auf die linke Brust gedruckte Aufschrift „DrDabernig.com", die Website eines Schönheitschirurgen.

Blickfang. Ein üppiges Dirndldekolleté zieht Blicke auf sich. Doch des einen Freud, der anderen Leid: Wird der tiefe Ausschnitt zu Werbezwecken hergezeigt, hagelt es von der feministischen Seite immer öfter harsche Kritik.

Der Wirt nahm die Kritik gelassen: Das Plakat sei genau so dargestellt, wie sich „Mädels im Dirndl" halt geben würden.

„Saubere Tracht"

Doch es ist nicht nur die Sexualisierung durch die großzügige Präsentation weiblicher Reize, die Feministinnen ärgert. Sie kritisieren, wenn das Dirndl und generell die Tracht politisch instrumentalisiert und ohne Hinterfragen getragen wird. Denn im Dirndl steckt immerhin ein Stück Geschichte, was nicht vergessen werden sollte. Schon zu Beginn der 1920er-Jahre wurde in manchen Salzburger Sommerfrische-Orten ein Aufenthaltsverbot für Juden ausgesprochen. Ihnen war zunächst im Bereich der Polizeidirektion Salzburg „das öffentliche Tragen von alpenländischen (echten und unechten) Trachten" verboten. Übertretungen wurden mit 133 Reichsmark oder bis zu zwei Wochen Arrest bestraft. Später weitete man das Verbot der Landeshauptmannschaft auf den „gesamten Gau Salzburg" aus.

Dies hatte insbesondere das Ziel, eine arische Kleidung zu erhalten, erklärt die Volkskundlerin Elsbeth Wallnöfer. Dafür arbeitete man im Nationalsozialismus an einer „Urtracht", wonach überlieferte Trachtenstücke nach „untrachtlichen" Aspekten überprüft und von „jüdischem und fremdländischem Unrat befreit" werden sollten. Der ideologische Grundgedanke war der des Bauerntums als „Urquell neuen Lebens" und Fundament der gesamten Nation. Diese neue Volksgemeinschaft sollte ihren Ausdruck in einer gemeinschaftlichen Kleidung finden. Die Sprache von damals sei auch heute noch festzustellen, kritisieren Wissenschafter und Wissenschafterinnen, etwa wenn vom „sauberen Dirndl" die Rede ist und davon, dass Dirndl und Tracht „sauber" bleiben müssen.
In seiner heutigen Erscheinungsform sei das Dirndl eine Erfindung der Nationalsozialisten, sagt die Volkskundlerin Wallnöfer. Federführend für die damals neue Tracht war die Trachtenforscherin Gertrud Pesendorfer, die unmittelbar nach dem „Anschluss" Österreichs Leiterin der

„Mittelstelle Deutsche Tracht" und etwas später zur Geschäftsführerin des Tiroler Volkskunstmuseums ernannt wurde: ohne fundierte Ausbildung, lediglich mit besonderem Hang zur Trachtengeschichte, und mit einem engagierten und sie protegierenden Nationalsozialisten als Ehemann. Für den Film „Frau Sixta" wurde sie sogar nach Babelsberg in den Kostümbeirat berufen. Als „Trachtenerneuerin" nahm sie zwei, drei Jahrhunderte alte Stilelemente und gestaltete die Tracht nach ihren Vorstellungen.

Die akademisch ausgebildete Zeichnerin Erna Piffl bereiste für sie den deutschsprachigen Raum und Südtirol, um die Trachtenkultur künstlerisch festzuhalten. Mit Grete Karasek schuf Pesendorfer die Entwürfe für die erneuerten Trachten: Die üppige Fülle an Stoffen beim bisher gewickelten Dirndl wurde reduziert, womit die für das Dirndl typisch gewordene weibliche Taille geschaffen wurde. Mit der kurzärmeligen, weißen Bluse, die den Blick auf die nackten Unterarme freimachte, stieß Pesendorfer in einen Tabubereich vor, der sonst nur der Kirche vorbehalten war. Und sie trug damit zu einer gezähmten, kontrollierten Erotisierung der Trachtenmode bei. Pesendorfers Idee des neuen Bauerngeschlechts, das im neuen deutschen Gewand Stolz und nationales Bewusstsein zum Ausdruck bringen sollte, war die bewusste Abgrenzung von den städtischen, bürgerlichen und gebildeten Engländerinnen, Jüdinnen und Amerikanerinnen, die das Dirndl bis dahin gern getragen hatten. Die NS-Ideologie sah zudem entsprechende Inszenierungen dieser Bauerntracht vor: In Wien und Berlin wurden Maibäume aufgestellt, Frauen in Dirndln tanzten darunter. Auch Eva Braun, die Lebensgefährtin von Adolf Hitler, trug auf dem Obersalzberg gern Dirndl.

Das Dirndl als Anker in einer komplexen Welt

Das Dirndl ist seit jeher ein politisches Statement. Trachten sind für viele Gesellschaften prägend, sie bestärken das „Wir"-Gefühl und sind Teil des Konzeptes „Heimat". Der Träger einer Tracht wird als Mitglied

Werbeträger. Nach dem „Anschluss" im Jahr 1938 hat die „Berliner Illustrirte Zeitung" in einem Sonderheft den deutschen Lesern Österreich vorgestellt.

einer Gruppe erkannt – mitunter erst, wenn das Gewand auch wirklich „echt" ist. Heute sind das Dirndl und die Lederhose immer mehr Anker in einer größer werdenden Welt. Psychologen und Soziologen beobachten einen neuen Konservatismus, insbesondere unter jungen Menschen, der sich in einem starken Wunsch nach Treue, Zweierbeziehung, Sicherheit, Orientierung und Verwurzelung äußert. Auch der Besuch von Brauchtumsveranstaltungen fällt in diese Kategorie und ist für immer mehr junge Leute ein Ausdruck der Zugehörigkeit.

Doch dürfen Dirndlträgerinnen genauso wenig kategorisiert werden, wie politische und soziologische Betrachtungen die Welt der Trachten auf einen Nenner bringen können. Eines steht fest: Pauschalurteile und klischeetriefende Assoziationen des Dirndls mit Bauernhof, Landleben, Kirchgang am Sonntag und heiler Welt sind nicht zulässig. Dirndlträgerinnen sind quer durch alle Regionen, Gesellschafts- und Bildungsschichten zu finden. Viele davon hätten vor wenigen Jahrzehnten nie daran gedacht, einmal ein Dirndl zu tragen – beobachtet man zumindest beim „Salzburger Heimatwerk". Heute tragen viele Frauen ihr Dirndl aus Spaß an der Freude, schließlich hat der modische Geschmack stets mitgeschrieben und das Dirndl immer wieder zu einem Trendobjekt gemacht. Auch im Trachtenbereich ist alles eine Frage des Geschmacks. Nur, dass im Vergleich zu früher mehr erlaubt ist, was gefällt.

Dirndl trifft die Welt

Stadt und Land. Das sind die beiden Kontrapunkte in der Geschichte der österreichischen Tracht und des Dirndls. Die Auseinandersetzung zwischen ländlichen Traditionen einerseits und städtischem Modeeinfluss andererseits haben immer wieder Spötter auf den Plan gerufen. So hat der Salzburger Historiker Franz Zillner im Revolutionsjahr 1848 die Trachtenmode als „Alpencostüme" der „städtischen Spritzfahrer und Bergsteiger" bezeichnet. Den Salzburger Landesausschuss ärgerte zu Beginn des 19. Jahrhunderts, als das Dirndl den Weg in die Städte gefunden hatte, dass es dort als „Bauernkostüm" gesehen wurde und „selbst auf dem Land schon Nachahmer finde".

Drastische und aus heutiger Sicht befremdlich anmutende Worte zum Thema Tracht findet der österreichisch-ungarische Dichter und Schriftsteller Franz Ginzkey. „Daß die Bauern [...] ihre Tracht abgelegt haben, kann nicht anders als ein Niedergang der heimatlichen Zugehörigkeit, als ein Absterben getreuer Väterüberlieferung gewertet werden. Daß die Stadtbewohner, die in Massen leben, sich auch einer Massenmode unterordnen, ist viel eher begreiflich, in gewissem Sinne sogar organisch bedingt. Daß aber der Bauer sich gleichfalls der Einförmigkeit der städtischen Gewandung zukehrte, bedeutet geradezu eine Verleugnung seiner inneren Natur."

Österreichische Herrscherhäuser als Trendsetter

Es waren die beiden Pole Tradition und Mode beziehungsweise Land und Stadt, die für die permanente Erneuerung der Trachten sorgten und dafür, ob die österreichische Traditionskleidung als Exportschlager und neuer Modehit auch weltweiten Erfolg hatte. Trachtenexperten sehen jedoch oft mit gemischten Gefühlen, auf welche Art alte Trachten erneuert oder von der Mode als Vorlage genommen werden. Dabei haben Modernisierung und Adaptierung selbst eine lange Tradition. So nahm sich Ende des 18. Jahrhunderts die Modeministerin am Hof Marie Antoinettes, Rose Bertin, der überbordenden Rokoko-Mode mit übertriebenen Reifröcken, Miedern und Perücken an und unterzog sie einer Schlichtheitskur. Ihre ersten Kleider „à la tyrolienne" mit verschnürtem Mieder bei den Frauen, einfachem Strohhut und hohem Hirtenstab bei den Männern, hatten als Vorbilder jene Jagdkleidung, die in den Kreisen der damaligen Herrscher Kaiser Maximilian I., Erzherzog Johann von Österreich, Ludwig I. und Maximilian II. von Bayern getragen wurden.

Eine andere Trachtenerneuerin war Anna Plochl, Postmeisterstochter und spätere Gattin des Trachtenförderers Erzherzog Johann. Als Gräfin von Meran trug sie zu Beginn des 19. Jahrhunderts keine authentische Volkstracht, sondern eine modisch-ländliche Kleidung, die man heute wohl als „Trachtenlook" bezeichnen würde. Dem weiteren Populärwerden der Trachten verhalfen der damals einsetzende Tourismus sowie Kataloge und Modejournale. Besonders im Salzkammergut war es damals beliebt, bäuerlich inspirierte Kleidung zu tragen.

Maßgeschneidert von der Haushaltshilfe

Ende des 19. Jahrhunderts hatten die Volkstrachten ihren Einzug in viele großbürgerliche Kleiderschränke gefunden, oftmals geschneidert von den bediensteten Frauen der Haushalte. Das ist auch der Grund, warum es das Dirndl lange Zeit nicht als Konfektionsware gab. Nach

und nach fanden die Stücke ihren Weg zu den exklusiven Couturiers und Modehäusern, welche den Trend Dirndl, Trachtenkostüme und Co in die Welt versandten. Das neue Volksgewand war zudem in eine modernere Sprache verpackt, wie 1896 in der „Fremden-Zeitung", die in der gesamten Monarchie an Touristen verteilt wurde, zu lesen war. Demnach war das „einfache Lodencostüm" im Salzkammergut „bon genre", die „bequeme Blouse […] feierte unbestrittene Triumphe". Morgens und abends trug man „Touristen- und Aelpler-Costüme, die namentlich die thaufrische Jugend sehr gut kleiden".

Gestern und heute. Die Trachtenerneuerung im Hause „Sportalm" erfolgt gern mit einem liebevollen Blick in die Vergangenheit.

Trachtenbegeisterte Touristen und Einheimische hatten gegen Ende des 19. Jahrhunderts im „ersten in Oesterreich gegründeten Touristen-Geschäft Jos. Zulehner Firma Gebr. Heffter" in Salzburg die Möglichkeit, allerlei Waren für Touristen, Jäger, Forst- und Landwirte, Wanderer, Kletterer, aber auch Lodenstoffe für Damen- und Herrenanzüge zu erwerben. In der „Fremden-Zeitung" wurde zudem für „Costüme für Alpentypen" und „Bauern-Costüme für Damen" geworben. Zu dieser Zeit waren insbesondere die Händler in der Stadt Salzburg bemüht, die Bedürfnisse der Alpinisten, Einheimischen und Touristen zu befriedigen. Zu Beginn des 20. Jahrhunderts veranstaltete der Trachtenverein Alpinia „Alpine Abende", in denen Gästen Volkstrachten und Volksmusik präsentiert wurden. Gute Geschäfte machte dabei die angeschlossene Kostümverleihanstalt, in der sich Touristen für diese „lustigen und kuriosen" Trachtenbälle, wie die Gäste sie bezeichneten, Kleidungsstücke leihen konnten.

Die Bühne für die in einer Erneuerungsphase befindliche Trachtenmode waren in den 1920er-Jahren die jungen Salzburger Festspiele. Max Reinhardt steckte die Schauspielerin Paula Wessely in ihrer Rolle als Gretchen im Faust kurzerhand ins Dirndl. Vorerst war die neue „Sommerfrischenmode" nur dem deutschen und österreichischen Festspielpublikum ein Begriff, sie wurde jedoch bald von Festspielkünstlern und Besuchern aus Europa und den USA entdeckt. Ende des Jahrzehnts machte in den Salzburger Großkaufhäusern das Angebot an Konfektions-Trachtenmode etwa ein Viertel des Frühlings- und

Verspielt. Trachten trugen Anfang des 20. Jahrhunderts die Werbebotschaft Österreichs in die Welt.

Sommerangebots aus. Das Warenhaus Gewah in Salzburg beispielsweise warb damals mit seinen „Backfisch-Dirndlkleidern". Das Dirndl beschrieb man in Werbungen als „unvermeidlich", das „jungen Dingern sehr gut steht". Dirndlkleider wurden damals auch per Privatanzeige weiterverkauft. Zu dieser Zeit entstand auch der Name „Dirndl".

Das Dirndl eroberte auch die gesellschaftliche Elite. Franziska Maria Anna zu Hohenlohe-Waldenburg-Schillingsfürst, spätere Ehefrau des Erzherzogs Maximilian Eugen von Österreich, die sich nach dem Verlust ihrer Titel im Jahr 1918 Gräfin von Wernberg nannte, führte in München einen Modesalon. In dem kleidete sich traditionell der europäische Hochadel ein, bevor es in den Alpenurlaub ging. Der Trachtenmodenhersteller „Lanz" rief den Trend aus, sich als „Dirndl und Bua" zu verkleiden – und war auch Vorreiter im Exportieren des Dirndls. Weitere Bekanntheit erlangte das Salzburger Trachtenhaus mit zwei von der Regierung geförderten Ausstellungen in Stockholm und London im Jahr 1934. Außerdem wurden später in London, New York und Los Angeles Niederlassungen gegründet.

Der Boom endete für jene Trachtenmodengeschäfte, die vom Touristengeschäft mit deutschen Staatsbürgern lebten, abrupt, als im Juni 1933 von Adolf Hitler die Tausendmarksperre eingeführt wurde. „Lanz" spürte dies von allen Trachtenmoden-Anbietern am wenigsten.

Dafür kamen neue Gäste – aus ganz Europa, den USA und sogar aus Asien, vor allem zu den Salzburger Festspielen. Es war gang und gäbe, sich bei Salzburgs renommiertesten Trachtenherstellern einzukleiden. Tagsüber trugen die Festspielgäste Trachtenmode, später schlüpfte man in die prunkvolle Abendgarderobe. Ende der 1930er-Jahre war Salzburg eine Trachtenbühne. Nicht umsonst sprach man vom „Kostüm", die Trachtenmodenhändler wie das schon damals populäre Fachgeschäft „Lanz" wurden „Kostümeure" genannt. Manche Trachtenexperten führen den Trachtenboom der Vorkriegsjahre auf Max Reinhardt zurück. Sein Schloss Leopoldskron war damals Mittelpunkt des Kunst- und Kulturlebens. Der Überlieferung nach war sein Berater und Freund

Rudolf K. Kommer als Trachtenbotschafter unterwegs: Wer nach Salzburg kam, um Max Reinhardt vorgestellt zu werden, landete vorher nicht selten beim Trachtenmodengeschäft „Lanz". Dort gingen berühmte Schauspieler und die hohe Prominenz des Finanzgeschehens ein und aus und saßen kurze Zeit später mit Dirndl oder Männertracht im Österreichischen Hof oder im Café Bazar.

Das Dirndl war dabei nicht der einzige Ausdruck von alpenländischer Kleidungstradition. Die Bekleidungsindustrie produzierte fortan auch Trachtenkostüme, Hosenröcke, Skianzüge, Janker und Blusen. Als Modeartikel fanden Trachten bei den Olympischen Winterspielen in Garmisch Verwendung, bei der Pariser Weltausstellung im Jahr 1937 traten die Models in grau-grünen Lodenkostümen und Dirndln auf.

Staraufgebot im Dirndl

Zum Erfolgsschlager wurde das Dirndl mit der Operette „Im Weißen Rössl". Auch die Stars der damaligen Zeit waren Werbeträger für Trachten und Dirndln. Marlene Dietrich, die man sonst eher mit weiten Hosen in Verbindung bringt, trug das Trachtenkostüm genauso wie Stefan Zweig oder Carl Zuckmayer den Trachtenanzug und Paula Wessely oder Lotte Lehmann das Dirndl. Dieses galt damals als Kontrapunkt zu den flachbrüstigen, die Taille vertuschenden Garçonne-Kleidern der Zwanzigerjahre. Es passte auch in die politische Haltung dieser Zeit, die einen unkomplizierten Frauentyp förderte.

In den 1930er-Jahren wurden Dirndln in der ganzen Welt getragen, traditionell oder adaptiert mit Schößchen und Puffärmeln, ohne Schürze und Bluse. Dirndlkleider, die unbeschwerte Fröhlichkeit ausdrückten, wurden zu beliebten Sommerkleidern. Vielfach war den Trägerinnen gar nicht bewusst, woher dieser Kleidungsstil kommt. Doch die Trachtenwelt und der Exportschlager Dirndl begannen Ende der 1930er-Jahre jäh zu bröckeln: Mit der Gleichsetzung der Tracht mit Heimatbewusstsein zogen dunkle Wolken über die vielen jüdischen

Mondän. Marlene Dietrich trug bei ihrem Salzburg-Besuch im Jahr 1936 ein Trachtenkostüm, ihre Tochter ein Dirndl.

Werbeträger. Auf den Altsalzburger Ansichten, entnommen aus dem Buch „Urgroßvaters Bilderschatz", kamen Dirndl und Tracht werbemäßig zum Einsatz.

Besucher Salzburgs und ganz Österreichs, die sich gern in Tracht kleideten. Dirndl und Lederhose passten fortan nicht mehr zur internationalen und großteils jüdischen Sommerfrische-Gesellschaft, das Tragen derselben wurde ihnen verboten, dafür in den folgenden Jahren vom NS-Regime für Propagandazwecke instrumentalisiert. Die arische Kleidung sollte nur dem deutschen Volk vorbehalten sein.

Austrian Look bis zum Kitsch

Dirndl, Lederhose und Trachtenjanker wurden nach dem Zweiten Weltkrieg langsam wiederentdeckt. In den 1960er-Jahren haben Unternehmen der Bekleidungsindustrie wie die Lenzing AG das Dirndl auf Messen mitgenommen, um auf die Qualität der österreichischen Produkte aufmerksam zu machen. Dabei entstand die Bezeichnung „Austrian Look", unter der vor allem Dirndln und Trachtenkostüme aus Loden einen neuen Boom erlebten. Austrian-Look-Designer suchten ihre Ideen in den traditionellen Schnittmustern. Bodenständige Tracht und die neuen Modekreationen passten wunderbar zueinander.

Austrian Look in New York

Dass der Austrian Look in den 1980er-Jahren einen neuen Höhepunkt erlebte, hatte seinen Ursprung in einer Habsburger-Modeausstellung, die die amerikanische Journalistin Diana Vreeland im Metropolitan Museum of Arts in New York organisierte. Keiner der großen Designer war zur Ausstellung gekommen, trotzdem übernahmen sie die Mode aus Österreich in ihre Kollektionen. Die wenigsten von ihnen verfügten indes über eigene Erfahrungen mit diesem Stil. Einzig Yves Saint Laurent, der regelmäßig bei den Salzburger Festspielen zu Gast war, hatte mehr als einmal die Trachtenschätze der Harriet Gräfin Walderdorff unter die Lupe nehmen können. Karl Lagerfeld kannte die österreichische Tracht von seinen Besuchen in der Salzkammergut-Residenz des Prinzen Fürstenberg. Der Japaner Kenzo hingegen stattete bei seinem Österreich-Besuch nicht nur der k. u. k. Hofbäckerei einen Besuch ab, sondern sich selbst auch mit Walkjanker und Trachtenanzug aus. Der Unkenntnis der Großen der Modewelt setzte die österreichische Textilindustrie ein Ende, indem sie die berühmten Nobelschneider zu einem Besuch in die Alpenrepublik einlud. Sie kamen tatsächlich. Der Austrian Look konnte jedoch nicht in dem Ausmaß wie die französische oder italienische Mode Fuß fassen, obwohl ihn die Fluglinie Austrian Airlines weit in der Welt herumschickte: Die Stewardessen trugen bei ihrer

Dirndl trifft die Welt

Arbeit Lodenkostüme. Mit dem „Leder-Leinen-Kitsch" nahm der Trachtenboom Ende der 1990er-Jahre, Anfang 2000 vorerst ein Ende.

Unter den Exportbegriff „Tracht" fallen heute modische Leinenkleider mit Trachtencharakter, erneuerte Festtagstrachten oder auch T-Shirts mit einem großen Edelweiß. Hierbei zählen weniger die Attribute Werte, Normen, Gemeinschaftsgefühl, Überlieferung oder Sitte. Es geht lediglich um ein Stück Österreich oder um ein Stück Alpen, das in der geschneiderten Form zum Symbol geworden ist.

Dirndl trifft die Welt

Österreich Werbung mit dem Dirndl

2012 stand wiederum New York im Zeichen des Dirndls. Österreichs größte Werbeplattform, die Österreich Werbung, veranstaltete dort ein Dirndl-Casting, bei dem eine unter anderem mit Hubert von Goisern prominent besetzte Jury die 40 charmantesten Österreich-Botschafterinnen zu wählen hatte, die traditionsgerecht im Big Apple für das Urlaubsland Österreich werben sollten. Unter den Bewerberinnen fanden sich gebürtige Österreicherinnen, die in New York und Umgebung leben, aber auch passionierte amerikanische Österreich-Fans. Die Begeisterung für die Damen im „Dürndl", so die amerikanische Aussprache, und das Reiseziel Österreich waren groß. Eine weitere Charmeoffensive startete die Österreich Werbung 2013 in Australien, wo 30 australisch-österreichische Dirndl- und Lederhosenpaare in Sydney Lust auf Österreich machen sollten. Ausgestattet wurden sie von „Rastl", „Gössl" und „Lanz".

Die österreichische Tracht hat Anhänger auf der ganzen Welt: Erzösterreicher, Zeitösterreicher, Auslands- und Urlaubsösterreicher. Eine besondere Bedeutung haben Trachten für Auslandsösterreicher. Vermutlich kaum ein anderer Gegenstand trägt die Seele der Heimat so sehr wie das Dirndl oder die Lederhose. Diese Kleidungsstücke haben Wiedererkennungswert und sind Symbole für das Land. Mitglieder von Ausländerklubs und Trachtenvereinen auf der ganzen Welt tragen sie zu besonderen Anlässen, etwa zum Nationalfeiertag. Oft wird dies von den dortigen Mitbürgern für eine „Verkleidung" gehalten, aber auch bewundert. Manchmal – etwa in asiatischen Ländern – ist es gar nicht möglich, sich in österreichischer Tracht zu kleiden: Es ist zu heiß oder es herrscht eine zu hohe Luftfeuchtigkeit für das Tragen der Materialien.

Warum das Dirndl weltweite Erfolge aufweist, könnte in der Antwort Yves Saint Laurents liegen, der auf die Frage, warum ihn die österreichische Nationalkleidung inspiriere, gesagt haben soll: „Weil sie ein Klassiker ist, der sich nicht verbraucht."

Werbung. Die Österreich Werbung schickte 2012 Dirndlträgerinnen als Sympathiebringerinnen auf die Straßen New Yorks und Sydneys. In Australien verbreiteten 30 australisch-österreichische Dirndl- und Lederhosenpaare österreichischen Charme.

Dirndl trifft die Welt

Die US-amerikanische Burlesquetänzerin Dita von Teese kennt man sonst eher spärlicher bekleidet. Bei ihrem Salzburg-Besuch im Jahr 2009 zeigte sie sich vom Dirndl sehr begeistert und nahm gleich zwei mit nach Hause. Auf die Frage, ob sie diese auch in Los Angeles tragen werde, antwortete sie: „Ich glaube, die Leute dort würden es komisch finden."

Kurioses zum Schluss

Heute gilt das Dirndl auf der ganzen Welt als Symbol für Österreich und Süddeutschland. Dabei wird auch gern alles in einen Topf geworfen. Die Verkaufsplattform www.german-clothing.com macht etwa beim Anpreisen ihrer Ware keinen Unterschied zwischen „Bavaria" oder „Austria". Als Kaufanreiz wichtiger als Bayern oder Österreich ist darin „The Sound of Music". Der Internethändler aus Amerika vertreibt etwa den Wetterfleck aus der Fluchtszene, Marias Hochzeitskleid, Georgs Jacken, Lederhosen oder Julie Andrews Dirndl, das sie trug, während sie „My favorite Things" sang. Erwähnung findet auf der Homepage allerdings, dass die traditionelle deutsche Kleidung, die man im Sortiment habe, zum Großteil in Österreich hergestellt wird. Selbstverständlich wird auf der Homepage auch Edelweiß verkauft mit folgender kurzen, klischeebeladenen Geschichte: „Die schöne und seltene Blume Edelweiß ist seit Jahrhunderten ein Symbol von Einfachheit und Unerreichbarkeit (purity and inaccessibility). Junge Männer klettern auf den gefährlichsten Pfaden der Alpen, um ihrer Angebetenen Edelweiß zu bringen." Freilich darf dabei der Verweis auf die vielen Männer nicht fehlen, die während dieser Aktion von Liebesbezeugung abstürzen.

In Südkorea war 2010 nicht die Verwechslung Bayerns mit Österreich, sondern die Australiens mit Österreich Gegenstand eines kleinen politischen Disputs. Die australische Premierministerin Julia Gillard sollte als eine von 20 Teilnehmern bei einem Gipfel als Pappfigur in landestypischer Kleidung aufgestellt werden. Doch dort verwechselte man Australien mit Austria und kleidete Frau Gillards Pappfigur mit einem feschen Dirndl. Die Staatschefin war darüber nicht sehr amüsiert. Auch die deutsche Bundeskanzlerin Angela Merkel wurde von den Gipfel-Ausrichtern in ein Dirndl gesteckt, die „schwarze" Politikerin ausgerechnet in eines mit grünem Rock und roter Schürze.

Dirndl trifft Begrifflichkeiten

Auszier | Schmückende Verzierungen am Dirndl, etwa Froschgoscherl, Stickereien, Samtbänder und und und.

Biesen | sind schmal (bis zu einem Zentimeter) abgesteppte Falten, die nach außen flach umgebügelt werden. Oft findet man sie in Gruppen von drei oder mehr parallel verlaufenden Biesen auf der Schürze oder dem Rock eines Dirndls.

Blätz | Tuch, das in den Ausschnitt der Bregenzerwälder Juppe gesteckt wird.

Blende/Kittlbesatz | Sichtbarer, breiter Abschluss des Rocksaumes. Der Kittlbesatz oder die Blende kann aus Borten oder Stoffen bestehen.

Brustfleck | Weil das (geschnürte) Oberteil früher ein Leben lang halten sollte und man auch mit einer zunehmenden Oberweite zu rechnen hatte, wurde der Brustfleck an ein Seitenteil genäht und unter das andere geschoben, darüber wurde flexibel geschnürt.

Bscheisserl | Blusenattrappe bzw. der sichtbare Teil der Bluse.

Empireleib | Während die meisten Leibformen des Dirndls bis zur Taille reichen, schließt der Empireleib knapp unter der Brust ab und bildet eine hochgezogene Taille. Der Übergang zum Kittl wird hier meistens mit einem Schößchen verziert.

Erbskette | besteht aus runden Gliedern aus halbrundem Draht in verschiedenen Stärken und Größen. Die Erbsketten sind als Meterware erhältlich und werden für Kropfketten oder als Schnürverzierung verwendet.

Froschgoscherl | Eine handgefertigte Rüsche, die zumeist den Ausschnitt am Dirndl aber auch besonders festliche Schürzen schmückt. Neben den Froschgoscherln gibt es weitere Arten von Rüschen, etwa die Rosmarin-, Falten-, Dacherl- oder die Henndorfer-Rüsche.

Hahnenfußstich | besondere Art des Knopfstichs, wird meist per Hand angenäht, altes Fruchtbarkeitssymbol.

Hänsel | Ein schmaler karierter Stoffstreifen, der beim Handziehen des Rockes hilft, die Stiche gleichmäßig zu setzen. Der Hänsel verschwindet im Inneren des Kittls zwischen den Stehfalten.

Kassettl | Auch als „Röcklgwand" bekannt; hat den Namen vom Oberteil mit seinem eckigen, kassettenähnlichen Ausschnitt. Die Festtracht ist in Tirol, im Salzburger Pinzgau sowie in Teilen Oberbayerns zu finden.

Kittl | Rock des Dirndls.

Kittlblech | Ein schmaler und farblich vom Rock abweichender Abschluss am Saum.

Leib/Mieder | Oberteil des Dirndls.

Passepoil | Ein schmaler, erhabener Nahtbesatz an Kleidungsstücken. Der Passepoil besteht aus einem schräg gefalteten Stoffstreifen, zwischen dessen Lagen eine Schnur eingelegt wird. Er findet an den Ausschnittkanten oder bei Teilungsnähten Anwendung.

Dirndl trifft Begrifflichkeiten

Patte | Stoffblende zum verdecken der Haftelverschlüsse am Vorderteil des Mieders.

Schnepferl | Fächrig gearbeiteter Aufputz in der Rückenmitte, zum Beispiel beim Henndorfer Dirndl.

Schößchen | In Falten gelegte Verlängerung des Leibs.

Stehfältchen | Gleichmäßig handgezogene Falten am Bund des Rockes.

Wolfszähne | Spezielle Art der Auszier, ähnlich wie Borten, Rüschen.

Quellen

Burgenländisches Trachtenbuch. Maria Hadrawa, Rötzer Druck, Eisenstadt/Wien (1996).
Das Dirndl – alpenländische Tradition und Mode, Gexi Tostmann, Karin Hausherr, Verlag Brandstätter, Wien.
Die Sprache der Kleidung. Ingeborg Petrascheck-Heim, Verlag Notring der wissenschaftlichen Verbände Österreichs, Wien (1966).
Geraubte Tradition. Wie die Nazis unsere Kultur verfälschten. Elsbeth Wallnöfer, Sankt Ulrich Verlag, Augsburg (2011).
Kleidung – Mode – Tracht. Referate der Österreichischen Volkskundetagung 1986 in Lienz. Klaus Beitl. Selbstverlag des Vereins für Volkskunde, Wien (1986).
Lenzinger Berichte, Folge 25, Jahr 1968, „Von der österreichischen Kleidung zum ‚Austrian Look'". Ein Beitrag Österreichs zur Weltmode.
Maß nehmen – Maß halten. Frauen im Fach Volkskunde. Hrsg. Elsbeth Wallnöfer. Böhlau, Wien (2008).
Phänomen Wiesntracht: Identitätspraxen einer urbanen Gesellschaft: Dirndl und Lederhosen, München und das Oktoberfest, Simone Egger, Verlag Herbert Utz, München (2008).
Salzburger Trachtenmappen
Steirisches Heimatwerk. Froschgoscherl und Kittlblech. Isolde Melinz, Johannes Gellner, Medienfabrik Graz, Graz (2010).
Tobi Reiser Preis 2011. Die Ausseer Handdrucker. Reihe Dokumentation, Verein Freunde des Salzburger Adventsingens (Hrsg.).
Tracht in Österreich – Geschichte und Gegenwart, Franz Lipp (Hg.), Verlag Brandstätter, Wien (1984).
Tracht in Salzburg. Hans Köhl, in: Salzburger Landjugendzeitung (2012)
Trachten für Wien und sein Umland. Hilde Seidl, Bundesverlag, Wien (1989).
Trachten in Österreich. Rudolf Fochler, Verlag Welsermühl, Wels/München (1980).
Trachten nicht für jedermann? Heimatideologie und Festspieltourismus dargestellt am Kleidungsverhalten in Salzburg zwischen 1920 und 1938, Ulrike Kammerhofer-Aggermann, Alma Scope, Walburga Haas. Hrsg. Salzburger Landesinstitut für Volkskunde, Eigenverlag (1993).
Unsere Trachtenfibel. Leitfaden zum Tragen und Anfertigen unserer Tiroler Volkstrachten. Helmut Rizzolli, Verlag Athesia Spectrum, Bozen (2007).
Zwischen Pflege und Kommerz. Studien zum Umgang mit Trachten in Österreich nach 1945. Thekla Weissengruber, LIT Verlag, Wien (2004).

www.juppenwerkstatt.at
www.loverli.de
Homepage der Kärntner Volkskultur: http://volkskultur-kaernten.at/
Homepage Landestrachtenverbände: http://www.heimatvereine.at/links/landesverbaende/

Bildnachweis

Bisovsky, Susanne: 72
Canaval, Christina: 89
Druckerei Huttegger, 5020 Salzburg (Copyright/Alle Rechte), entnommen aus dem Buch „Urgroßvaters Bilderschatz" Altsalzburger Ansichten: 148, 149
Fellner, Klemens: 37
Filmmuseum: 90, 92
Furgler, Sissi: 69
Goldschmiede Trucker: 106
Gössl: 14, 17, 18, 25, 86, 157
Gostner, Samantha: 11, 81, 99, 102
Haas, Waltraut, privat: 93 unten
Ivents Kulturagentur: 80
Jacquarddruckerei Otto Flemmich: 114
Juppenwerkstatt Riefensberg: 48
Kärntner Heimatwerk: 31, 32
Koo Blaudruck: 39, 115, 116
Landwirtschaftskammer Wien: 50, 51
Mothwurf/Toni Muhr: 22, 74, 75, 76, 97, 140
Oberösterreichisches Heimatwerk: 20
Original Salzburger: 33, 35
Österreich Werbung: 150, 151
Familie Peter, privat: 93 oben
Pfaffinger/privat: 84
Ploom/Kurt Salhofer: U4 unten, 5, 7, 27, 59, 60, 78, 79, 82, 83, 109, 142
Pressefoto Neumayr Franz: 99, 153
Salzburger Heimatwerk: 36, 123, 125, 131
Salzburger Heimatwerk/Maislinger: 38
Shutterstock/evgeny varlamov: 135
Shutterstock/Bauer Alexander: 136
Shutterstock/LiliGraphie: 146
Sonnenland Mittelburgenland: 30
Spatt/Helge Kirchberger: U1, 127, 129, 133
Sportalm: 12, 13, 63, 100/101, 144
Stadtarchiv Salzburg: 139
Stadtarchiv Salzburg, Fotosammlung Krieger: 147
Steirisches Heimatwerk/Heizmann: 26, 41
Steirisches Heimatwerk/www.camera-obscura.at/: 42, 43
Stey, Renate: 104
Thurnerschmuck: 107
Tiroler Heimatwerk: 44
Titz, Udo: 71
Trachtengruppe Vandans/Montafon: 47
Trettenbrein, Susanne: 85, 104, 108
Tornow, Ralf – Bad Aussee: 68
Tostmann: 54
Uher, Andreas: 49
Wach/Helge Kirchberger: U4, 2, 3, 6–10, 23, 24, 28, 40, 52, 78, 88, 94, 96, 103, 110–113, 117–120, 122, 134, 142, 154, 155
Wildbild: 65, 66, 139
www.doggydolly.net: 9

Ebenfalls im Verlag Anton Pustet erschienen:

Silke Geppert

Mode unter dem Kreuz
Kleiderkommunikation im christlichen Kult

160 Seiten
durchgehend farbig bebildert
21 x 24 cm
Hardcover
ISBN 978-3-7025-0680-3   € **25,–**

Reinhard Kriechbaum

Bräuche im Jahreskreis
3 Bände im Set

- Weihnachtsbräuche in Österreich
- Scheller, Schleicher, Maibaumkraxler
- Hochzeitslader, Krapfenschnapper, Seitelpfeifer

zusammen über 600 Seiten
durchgehend farbig bebildert
17 x 24 cm
Hardcover
ISBN 978-3-7025-0735-0   € **63,–**

www.pustet.at
Lesen Sie uns kennen.